Susanne Orrù-Benterbusch

ABSCHIEDNEHMEN VON DEN ELTERN

AF271861

Abschiednehmen von den Eltern

Den letzten Weg heilsam & liebevoll gestalten

Erfahrungs-Leitfaden für Angehörige über sämtliche Vorbereitungen, Anträge, Finanzierung, ganzheitliche Palliativpflege & Sterbebegleitung

Susanne Orrù-Benterbusch

Bibliografische Information der Deutschen Nationalbibliothek: Die Deutsche Nationalbibliothek verzeichnet diese Publikation in der Deutschen Nationalbibliografie; detaillierte bibliografische Daten sind im Internet über http://dnb.dnb.de abrufbar.

Die automatisierte Analyse des Werkes, um daraus Informationen insbesondere über Muster, Trends und Korrelationen gemäß §44b UrhG („Text und Data Mining") zu gewinnen, ist untersagt.

© 2025 Susanne Orrù-Benterbusch

Lektorat: Andrea Baumann
Korrektorat: Andrea Baumann

Verlag: BoD · Books on Demand GmbH, In de Tarpen 42,

22848 Norderstedt, bod@bod.de

Druck: Libri Plureos GmbH, Friedensallee 273, 22763 Hamburg

ISBN: 978-3-8482-6480-3

INHALTSVERZEICHNIS

Zur Erinnerung an meine Mutter Hildegard

Gewidmet mit Dankbarkeit und größtem Respekt allen Menschen, die sich privat, beruflich und ehrenamtlich für eine achtsame, ganzheitliche Pflege und Sterbebegleitung einsetzen

Warnhinweis und Haftungsausschluss

Der Inhalt dieses Buches ist als Information gedacht und gibt die Erfahrung und das Wissen der Autorin wieder. Die Autorin ist keine Ärztin. Die Informationen in diesem Buch stellen keinen medizinischen Ratschlag dar. Die Autorin haftet nicht für Schäden, die aus der Anwendung der folgenden Informationen entstehen könnten.

Wie kommt eine Tierheilpraktikerin, Gesundheitsberaterin und Seminarleiterin auf die Idee, ein Buch über ganzheitliche Palliativ-Pflege und Sterbebegleitung zu schreiben? Die Antwort ist ganz einfach: Weil ich durch die Sterbebegleitung unserer Mutter im Herbst 2023 gesehen habe, dass dies ein immer noch stark unterschätztes und tabuisiertes Thema in unserer Gesellschaft ist! Ebenso konnte ich durch die große Resonanz einen erhöhten Informations-Bedarf feststellen, als ich eine stark verkürzte Version dieses Buches bereits kurz nach dem Tod meiner Mutter der Allgemeinheit als kostenloses Skript zur Verfügung gestellt hatte. Sicherlich gibt es viele gute Bücher über Sterbebegleitung, doch in welchem steht, welche organisatorischen, familiären und emotionalen Hürden vorab erst überwunden werden müssen, damit dieser Liebesdienst vollzogen werden kann? Welcher Leitfaden führt die geschockten und durch den Alltag bereits erschöpften Menschen durch den Dschungel an Bürokratie, während er gleichzeitig dazu motiviert, das Familiensystem zu heilen, um spätestens am Lebensende der Eltern mit ihnen in die Liebe zu kommen. Ich hoffe sehr, dass mir dies mit meinem Leitfaden ein Stück weit gelungen ist und würde mich freuen, dich bei diesem wichtigen Thema an die Hand nehmen zu können. Das Wort „palliativ" kommt aus dem Lateinischen und bedeutet sinngemäß „ummänteln" oder „schützen". Bei der Palliativ-Pflege bzw. Palliativ-Medizin geht es darum, die letzte Zeit, die ein Mensch in seinem Leben zur Verfügung hat, insbesondere im Hinblick auf Schmerzen so angenehm wie möglich zu gestalten. Die Länge dieses Zeitabschnittes ist undefinierbar, sie kann einige Monate, Wochen oder auch Tage dauern. In meinem Erfahrungs-Leitfaden behandele ich den letzten Lebensabschnitt eines sehr alten Menschen, meiner Mutter, deren Lebensenergie nach einer schweren Operation immer weiter schwand. Bei einem noch jüngeren, körperlich starken Menschen, der beispielsweise eine Krebsdiagnose bekommen hat, möchte ich nicht von Palliativ-Medizin sprechen, da ich davon überzeugt bin, dass jede Krankheit bzw. jede Reaktion des Körpers auf einen Konflikt oder psychisches Ungleichgewicht wieder reguliert werden kann, wenn die Menschen es schaffen, diese Konflikte zu lösen. Vorausgesetzt, die Betroffenen wissen das und möchten den Weg der Bewusstwerdung und Heilung überhaupt einschlagen. Lebenswege sind manchmal unergründlich und der Seelenplan für Außenstehende nicht immer nachzuvollziehen. Manchmal ist die Uhr auch einfach abgelaufen und die Seele will heimkehren. Da es bei der Palliativ-Pflege oder Palliativ-Begleitung meiner Ansicht nach aber nicht ausschließlich um die Linderung der körperlichen Beschwerden geht, sondern aus diesem letzten Liebesdienst eine generationsübergreifende Heilung, ein tiefer Frieden und spirituelles Wachstum für alle Beteiligten entstehen kann, hatte ich das Bedürfnis, dieses Buch zu schreiben. Diese Welt am Ende des Lebens ohne Schmerzen verlassen zu können, ist sicherlich etwas, was jedem Sterbenden zu wünschen ist. Doch ist es nicht auch erstrebenswert und für das Loslassen die beste Voraussetzung, wenn wir in einem tiefen Frieden und mit der Überzeugung die Augen schließen können, alles im Leben erledigt, gesagt und getan zu haben? Und auch, wenn wir nie gelernt haben, miteinander über Gefühle oder die Liebe zu sprechen, dieses vor dem Übergang ins Licht wenigstens gezeigt und ohne Worte „besprochen" zu haben? Ich glaube, ja und halte die Palliativ-Pflege für eine große Chance.

Ich freue mich sehr, dass du dieses Buch in den Händen hältst, denn das bedeutet, dass du mit dem Gedanken spielst, jetzt oder in Zukunft einen von dir geliebten Menschen auf seiner letzten Reise ins Licht begleiten zu wollen. Du spürst vielleicht, dass diese Zeit, die nervlich und körperlich ohne Zweifel auch belastend sein kann, eine große Chance auf persönliches Wachstum sowie ein Gefühl des inneren Friedens und des Glückes birgt. Eine Möglichkeit für alle Beteiligten, Heilung und Versöhnung fließen zu lassen, Berührung und Zärtlichkeit zuzulassen und dem Sterbenden einen letzten großen Liebesdienst zu erweisen: Ihm die Angst vor dem Tod zu nehmen. Eine solch authentische Sterbebegleitung ist nur möglich, wenn wir den Tod selbst nicht fürchten und ihn als natürlichen Teil des Lebens oder eine Art Geburt begreifen.

Es gibt bei der Palliativ-Pflege keine Patent-Lösungen, die für jeden palliativ Pflegebedürftigen gleichermaßen optimal sind. Hier ist viel Fingerspitzengefühl gefragt. Ich habe die wertvollen Erfahrungen, die meine Schwester Annette und ich während der fast 3-monatigen Begleitung unserer Mutter gemacht haben, mit in dieses Werk einfließen lassen. Wir haben komplett ohne Erfahrung in der Pflege mit so einfachen Mitteln tolle Ergebnisse erzielt, dass in mir das Bedürfnis wuchs, die Menschen daran teilhaben zu lassen. Denn egal, ob ein Angehöriger im Krankenhaus, im Seniorenheim oder daheim im Sterben liegt oder das unvermeidbare Lebensende in unmittelbar naher Zukunft prognostiziert wird – die meisten von uns werden in die Situation kommen, in der sie entscheiden müssen, wie es weitergeht und wo der Angehörige ins Licht gehen soll. Und hier spielt es auch keine Rolle, ob man die komplette Pflege selbst übernehmen möchte oder professionelles Pflegepersonal zu Hilfe nimmt. Das darf jeder individuell entscheiden und seine persönlichen Erfahrungen machen. Wir lernen – ein Leben lang und in den unterschiedlichsten Phasen und Situationen.

Ich habe außerdem viele Gespräche mit ausgebildeten und erfahrenen Sterbebegleiterinnen und Altenpflegerinnen geführt, die mir außerdem ihre Ausbildungsunterlagen sowie unzählige Bücher zur Verfügung gestellt haben. Die Informationen, die uns am wertvollsten erscheinen, habe ich mit in dieses Buch einfließen lassen. Sämtliche Angaben bezüglich finanzieller Mittel der Pflegekassen sind der Stand 2024/25.

Es gibt Menschen, die zum Ende des Lebens wütend, garstig, ja auch verletzend sein können. Das stellt eine ganz besonders große Herausforderung an die Pflegenden dar. Jeder sollte in diesem Fall ehrlich zu sich selbst sein und entscheiden, ob er diesem Dauerkampf die nötige Gelassenheit entgegenbringen kann, ohne sich dabei selbst aufzugeben oder in einen Burn out zu geraten. Wir alle haben unsere ganz individuellen Lektionen im Leben, die es zu meistern gilt. Die Erde ist eine Schule und wir dürfen viel lernen und unsere Persönlichkeit entwickeln. Es gibt durchaus Fälle, in denen ein klares „Nein, das schaffe ich nicht!" absolut in Ordnung ist. Sollten dich allerdings nur die ganz normalen Zweifel und Ängste vor dem Neuen befallen, das „Ich-kann-nichts-Ego" oder „Das-schaffe-ich-eh-nicht-Ego" überhand gewinnen, dein Herz dir in einem stillen Moment aber zuflüstern: „Versuche es wenigstens, Liebe schafft alles!", möchte ich dir raten, es tatsächlich zu versuchen.

Die Pflege selbst zu übernehmen bedeutet nicht, fachmedizinische Handlungen wie das Wechseln des Blasen-Katheters selbst durchzuführen. Dies sollte einer professionellen Pflegerin oder Krankenschwester vorbehalten sein. Vielleicht findet sich diese jedoch im Freundes- oder Bekanntenkreis.

Bei uns hat diesen Vorgang zweimal eine befreundete Krankenschwester übernommen, die wir dafür natürlich auch entlohnt haben. Es war sehr schön für unsere Mutter, während dieses eher unangenehmen Vorgangs in ein bekanntes, lächelndes Gesicht zu schauen, als in ein fremdes. Was auch immer wir im Pflegealltag erledigen mussten, sei es Waschen, Umziehen, Eincremen, Massieren, die Inkontinenzversorgung, Essen anreichen oder das Wechseln des Blasen-Katheters – wir haben stets viel gelacht und Spaß gehabt. Wir haben unserer Mutter nie das Gefühl gegeben, eine Last zu sein, sondern haben die Situation angenommen und das Beste daraus gemacht.

Auch hier zahlte es sich aus, bereits 1992 das Buch „Sorge dich nicht - lebe!" von Dale Carnegie gelesen zu haben. Wir können nur im Fluss des Lebens bleiben, wenn wir annehmen, was nicht zu ändern ist und unsere Schöpferenergie in die Dinge investieren, die in unserer Hand liegen. Und davon gibt es reichlich im Leben!

Dieses Buch bezieht sich auf die palliative Begleitung der Eltern, wenn lebensverlängernde Maßnahmen nicht mehr gewünscht bzw. möglich sind. Wenn Kinder sterben, braucht es sicher ganz spezielle Maßnahmen, Vorbereitungen, Abschiedsrituale und Trauerarbeit. In dem Fall kann dieses Buch vielleicht einige Anregungen bieten, doch sicher gibt es für diese besonderen Lebensaufgaben geeignetere Literatur.

EIN PAAR GEDANKEN ÜBER DAS LEBEN UND DAS STERBEN

In Vorbereitung zu diesem Buch habe ich mich nicht nur mit Kranken-schwestern, Altenpflegerinnen und Menschen, die in Sterbebegleitung aus-gebildet sind, ausgetauscht. Ich habe auch einiges an Fachliteratur zum Thema Sterben gelesen. Einiges davon hat mich inspiriert und ich konnte Ansichten und Erfahrungswerte mit einfließen lassen. Manche Bücher musste ich jedoch ziemlich schnell wieder aus der Hand legen, weil ich das Gelesene kaum ertragen konnte. Mir ist klar, dass in diesem neokapitalisti-schen System, in dem die Pharmaindustrie derzeit noch sehr viel Macht über Lehrpläne und verordnete Therapien besitzt, nicht alles so läuft, wie ich es als ganzheitliche Naturheilkundlerin gerne hätte. Und nicht jeder Mensch stirbt friedlich nach Vollendung des 90. Lebensjahres so wie meine Mutter, ohne jemals in seinem Leben an einer ernsthaften Erkrankung gelit-ten zu haben. Auch das weiß ich zu differenzieren. Und doch ist es mir teil-weise sehr schwergefallen, diese Bücher zu lesen, denn immer wieder musste ich Geschichten von Menschen lesen, die sich, obwohl sie nur eine Lebenserwartung von einigen Monaten hatten, auf Anraten der Mediziner wie selbstverständlich einer weiteren Chemotherapie unterzogen haben, welche die körperliche und seelische Verfassung dann noch weiter ge-schwächt hat, so dass das Sterben zur Tortur wurde. Insbesondere wenn es sich um Kinder handelte, fiel mir beim Lesen immer wieder nur die eine Frage ein: WARUM? In vielen der Bücher war von Erkrankungen die Rede, die meines Wissens nach mit Konfliktbearbeitung und den individuell pas-senden Naturmedikamenten aus einer Vielzahl von stark wirksamen Heilmit-teln hätten vielleicht geheilt werden können, sofern das im Seelenplan der Betroffenen vorgesehen war. Wenn es um Sterbebegleitung geht, warum hat dann nicht spätestens am Ende des Lebens die Gier nah Profit ein Ende? So viel Leid, weil die Schulmedizin nicht über den Tellerrand schauen darf. Das hat mich sehr nachdenklich gemacht und so hatte ich irgend-wann eher das Bedürfnis, ein Buch über das Leben zu schreiben, als eines über das Sterben. Doch im Grunde gehört beides zusammen, das wurde mir immer deutlicher bewusst. Wenn wir uns mit dem Sterben beschäftigen, können wir Klarheit über die Weisheit des Lebens erlangen. Wenn wir uns zu

Lebzeiten mit der Frage nach dem Sinn des Lebens befassen, mit den spirituellen Fragen zu unserem Dasein, unserem Geist und unserer Seele, wenn wir begreifen, wozu wir hier sind oder eine Vorstellung davon bekommen, wo wir hingehen, nachdem wir unseren letzten Atem ausgehaucht haben. Infolgedessen kann das Sterben ein angenehmer Prozess werden und der Tod verliert seinen Schrecken. Wir begreifen, dass wir hier auf dem Schul-Planeten Erde nur Gäste bzw. Schüler auf Zeit sind und einem ganz natürlichen Kreislauf unterliegen. Das ist eine ganz wunderbare Erkenntnis, die ich jedem von uns von Herzen gönne, denn dann sind wir im Frieden und nicht mehr manipulierbar.

WARUM DIE STERBEBEGLEITUNG IN DIE EIGENEN HÄNDE NEHMEN?

Sicherlich gibt es vereinzelt Sterbende, die aufgrund spezieller medizinischer Versorgung besser auf einer Palliativstation oder in einem Hospiz aufgehoben sind. Trotzdem möchte ich dafür sensibilisieren, alle Faktoren erst einmal zu überprüfen. Ein palliativer Pflegedienst und Palliativärzte aus dem Palliativ-Netzwerk stehen beratend jederzeit zur Seite, niemand wird alleingelassen. Und wir sehen gerade, was für ein Chaos hohe Krankenstände in den Pflegeberufen verursachen. Von ehemaligen Sterbebegleiterinnen, die ihre ehrenamtliche Tätigkeit aus Gewissensgründen beendet haben, habe ich erfahren, dass im Jahre 2021 sämtliche Sterbende die MRNA-Injektion bekommen haben, da sie ansonsten hätten das Hospiz verlassen müssen. Ich bin ein Mensch, der nach vorne blickt und der nicht auf Taten aus vergangener Zeit herumreitet. Doch ich möchte ins Gedächtnis rufen, um was für ein Verbrechen gegen die sterbenden, völlig hilflosen Menschen es sich bei dieser Vorgehensweise handelte. Die Täter sind der Propaganda und systematischen Panikmache derart auf den Leim gegangen, dass sie all ihre ethischen und moralischen Grundsätze über Bord geworfen haben. Ich hoffe nicht, dass so etwas ein weiteres Mal passieren wird, und doch war und ist dieses unfassbare Verhalten für mich ein absoluter Pluspunkt dafür, die Palliativ-Pflege und Sterbebegleitung bei Familienangehörigen und Freunden in die eigenen Hände zu nehmen.

Eine Freundin, die jahrelang ehrenamtlich als ganzheitlich ausgebildete Sterbebegleiterin tätig war, erzählte mir, dass früher als das A und O in der Sterbebegleitung folgendes galt: Der Sterbende ist die Nummer 1, jeder Wunsch wird ihm erfüllt und er wird 100%ig so angenommen wie er ist! Da geht einem das Herz auf, nicht wahr? Der Sterbende bekommt sein Lieblingsessen und anschließend auch einen Schnaps, wenn er mag. Oder eine Cola, einen Kaffee, Tee oder Saft, was auch immer. Und der Kettenraucher bekommt sein eigenes Zimmer, in dem er rauchen kann, wenn es sein muss. Die Zeit für Moralpredigten und das Einreden eines schlechten Gewissens sind dann endgültig vorbei. Wichtig ist einzig und allein, dass der Mensch in Frieden zu Gott heimkehren darf. Normalerweise werden auch sämtliche lebensverlängernden Maßnahmen wie Ernährungssonden, Medikamente und mögliche Nahrungsergänzungen abgesetzt, so dass sich der Körper auf ein natürliches Funktionslevel einschwingen kann, welches dann auf ganz natürlichem Weg heruntergefahren wird. Ich hoffe nicht, dass sich an diesen Grundsätzen viel geändert hat und sicherlich ist es auch von Hospiz zu Hospiz sehr unterschiedlich. Dennoch werden nicht alle Menschen auf ihrem letzten Weg einen Platz im Hospiz bekommen können, denn derzeit erkranken überdurchschnittlich viele Menschen z.B. an Turbokrebs. Nicht wenige davon sind unter 50 Jahre alt.

Ich persönlich habe nach jahrelangem Aufsaugen von umfangreichen Informationen, dem Austausch mit Alternativmedizinern und der Teilnahme an diversen Entgiftungs- und Impfausleitungs-Kongressen eine genaue Vorstellung davon, wo die Ursachen für diese besorgniserregende Tendenz liegen könnten. Und natürlich wäre es mir am liebsten, die Menschen hätten den Mut hinzusehen sowie das Unfassbare zu begreifen und anzunehmen. Dann könnten sie das Bewusstsein dafür entwickeln, was ihnen wirklich passiert ist und dass sie die Macht haben, ihr Schicksal selbst in die Hand zu nehmen. Es gibt heutzutage viele gut wirksame Möglichkeiten zur Ausleitung und Blutverdünnung. Und niemals sollten wir unseren Geist unterschätzen, der einen wesentlichen Beitrag zur Genesung beiträgt. Im Umfeld erkenne ich jedoch sehr oft, dass die Menschen nicht hinschauen wollen, lieber gehen sie in den Tod. Und so schwer uns das auch fallen mag, aber es ihre Entscheidung und vielleicht ist es auch genau der Weg, den sich die Seele ausgesucht hat. Wir wissen es nicht. Ich habe gelernt, dass Rat-Schläge auch Schläge sind und schon vor langer Zeit damit aufgehört, Menschen meine Meinung aufdrücken zu wollen, ohne dass sie mich darum gebeten haben.

Ich kann nur jedem einzelnen Menschen ans Herz legen, sich mit dem Thema Sterbebegleitung und Palliativ-Pflege zu befassen, um gut vorbereitet zu sein. So wie wir als werdende Mütter Bücher über Babypflege und Erziehung lesen, so sollte jeder Mensch Bücher wie dieses hier lesen, um den letzten Weg von geliebten Menschen für alle Beteiligten so liebevoll wie möglich gestalten zu können. Das ist echte Lichtarbeit.

WENN LIEBE ODER BINDUNG FEHLEN

Kriegsenkel und ihre Eltern: Viele Kinder der Kriegsgeneration haben kein gutes Verhältnis zu ihren Eltern oder einem Elternteil und können sich gar nicht vorstellen, Mutter oder Vater eines Tages zu pflegen oder liebevoll beim Sterben zu begleiten. Vielleicht ist daher genau jetzt der Moment, einmal in Ruhe darüber nachzudenken, warum das Verhältnis zu den Eltern gestört ist und wie es vielleicht verbessert werden könnte.

Erst vor kurzem habe ich das fantastische Buch von Sabine Bode gelesen, das den Titel „Kriegsenkel" trägt. Da ich selbst eine Kriegsenkelin bin, die sich bereits seit vielen Jahren auf dem spirituellen Weg befindet und ihre erste Familienaufstellung im Jahre 2003 durchführen durfte, bargen viele der darin erzählten autobiographischen Geschichten mir vertraute Informationen und Ansichten. Dennoch war ich tief berührt von den einzelnen Schicksalen und mir wurde noch einmal bewusst, wie stark wir in der Gegenwart auch körperlich von ungeklärten Familienangelegenheiten und traumatisierten Vorfällen, über die nie gesprochen wurde, negativ beeinflusst werden können. Gefühle wie Gleichgültigkeit, Ängste und die Überzeugung, niemals genug zu sein, können ebenso aus den unverarbeiteten Familientraumata resultieren wie Panikattacken, Ess-Störungen und Kinderlosigkeit. Manche Kriegsenkel laufen noch im Alter der Liebe ihrer Eltern hinterher und wünschen sich nichts lieber, als von ihrer Mutter in den Arm genommen zu werden. Aber genau das können viele Kriegstraumatisierte nicht. Menschen meiner Generation fühlen sich nicht selten abgelehnt, sie können niemandem wirklich vertrauen, leben deutlich an ihrem Potenzial vorbei und fühlen sich seit ihrer Kindheit für das Glück ihrer Eltern verantwortlich.

Ich weiß, was es bedeutet, mit einer 1933 geborenen Mutter aufgewachsen zu sein, die als Kind unter Todesangst im Keller in einer Ecke kauernd die Bombardierungen der Stadt bei vollem Bewusstsein miterlebt hat. Traumata, die nie aufgearbeitet wurden. Daraus resultierend ein stets mangelndes Verständnis für die belanglosen Probleme der nachfolgenden Generationen. Angst und Gereiztheit waren vorherrschend, Verständnis und Trost Fehlanzeige. Die Geschichten in dem Buch und auch der Austausch mit den vielen Gleichaltrigen aus meinem Freundes- und Bekanntenkreis machen deutlich, dass die seelisch-emotionalen Folgen des Zweiten Weltkrieges vielschichtig sind. Ganz besonders traumatisch waren natürlich

Vergewaltigungen, Hunger und das Erleben von Tod und Elend während der großen Flucht sowie die Ablehnung in der Fremde. Kriegskinder, also die Generation der 1930iger Jahre und auch noch diejenigen, die zu Beginn der 40iger Jahre geboren wurden, haben sich als Erwachsene unterschiedlich entwickelt. Die meisten haben selbst Kinder bekommen, welche sie auf unterschiedliche Weise erzogen haben. Die einen legten Wert auf eine konservative Erziehung, in der die Kinder zu gehorchen hatten. Andere waren den Gehorsam leid und bevorzugten eine antiautoritäre Erziehung. Manche Mütter und Väter waren laut und gewalttätig, andere waren in sich gekehrt und depressiv. Nur wenige Eltern führten eine Beziehung, die wir aus heutiger Sicht als eine glückliche Partnerschaft auf Augenhöhe bezeichnen würden. Manche Eltern kümmerten sich kaum um ihre Kinder und ließen keine Gelegenheit aus, ihnen zu zeigen, wie lästig sie ihnen waren. Andere Eltern legten großen Wert auf Struktur und Familienurlaub. Doch auch in diesen Fällen war das Unausgesprochene unterschwellig präsent und hat die Heranwachsenden beeinflusst. Die in den sechziger und siebziger Jahren geborenen Nachkommen wurden den Müttern bereits im Krankenhaus entwendet, das Stillen und körperliche Nähe waren seinerzeit ebenfalls verpönt. Bereits hier wurde die Bindung zwischen den Müttern und ihren Kindern massiv gestört.

Viele Kriegsenkel haben heutzutage kaum Kontakt zu ihren Eltern und bei den wenigen Besuchen handelt es sich teilweise um nervige Pflichtveranstaltungen. Es gibt keine Gemeinsamkeiten, keine Gesprächsthemen, kein Band der Liebe. Die traumatisierten Kinder des Krieges sind in die Jahre gekommen, was sie nicht weniger eigensinnig macht. Das Gegenteil ist der Fall. Die Ticks und von ihren Kindern nicht nachzuvollziehenden Ansichten und Tagesabläufe haben sich gefestigt, das Schlechtreden über andere ist nicht weniger geworden. Und das ist noch die harmlose Variante einer Beziehung zwischen Kriegskind und Kriegsenkel. Kinder, die von ihren Eltern Gewalt oder sexuellen Missbrauch erfahren haben, haben den Kontakt als Erwachsene meist abgebrochen. Auch das kann eine Form der Heilung sein, es ist weder zu bewerten, noch abzulehnen. Jedes Familienschicksal ist anders. Viele Kriegsenkel suchen im Alter aber dennoch den Kontakt zu den Eltern, weil sie spüren, dass sie die verletzte Familienseele heilen können und somit verhindern, all die Themen und Traumata an die nachfolgenden Generationen weiterzugeben.

Ich würde jedem Kriegsenkel ans Herz legen, zu Lebzeiten mit seinen Eltern über die Kriegszeit und das Erlebte zu sprechen. Das ist für die Betroffenen meist sehr befreiend und kann ungeahnte Veränderungen innerhalb der Familienenergie zur Folge haben. Vielleicht sind sie nicht sofort dazu bereit, sich zu öffnen, aber der Moment wird kommen. Es bedarf sicher großer Überwindung über Erlebtes zu reden, das mit Scham und Schuld einhergeht. Reden hilft, und das Verständnis dafür, dass die Eltern eben deshalb ihre Eigenarten haben, weil sie vielleicht furchtbare Dinge erlebt haben, kann das Verhältnis zu ihnen stark verändern. Du kannst auch entsprechende Recherchen durchzuführen. Waren ein oder sogar beide Elternteile Flüchtlinge, fahre in deren Heimatstädte und suche die Geburts- bzw. Wohnhäuser auf. Vielleicht findest du alte Verwandte, von denen du etwas über die vergangenen Zeiten erfahren kannst. Fühle hinein in die Energie der alten Heimat, aus der sie bei -20° C vertrieben wurden. Vielleicht kannst du dann besser annehmen, dass sie dir bei deinen Sorgen als Kind nicht genug Trost spenden konnten oder ihnen die Hand ausgerutscht ist, weil du wieder deinen Teller nicht leer essen wolltest. Meine Empfehlungen haben nichts damit zu tun, ihr Verhalten zu entschuldigen oder ihnen die Verantwortung abzunehmen. Hier geht es lediglich um die längst überfällige Aufarbeitung bestehender Verhaltens- und Erziehungsmuster, deren Ursprung in den unverarbeiteten Kindheitstraumata der Eltern zu suchen sind. Des Weiteren geht es um das Reflektieren der eigenen Gedanken und Überzeugungen, die seit Jahrzehnten gewachsen sind und die vielleicht darauf warten, bewusst gemacht und verändert zu werden. Wir haben es in der Hand, diese festgefahrenen Blockaden zu lösen. Gleichzeitig können wir unser inneres Kind heilen, verlieren unter Umständen chronische Schmerzen und können das Herz der Eltern befreien, indem sie sich belastende Erlebnisse von der Seele reden. Und nicht zu vergessen, ist die Heilung des Familiensystems ein Geschenk an die Nachkommen, die unter den alten Tragödien dann nicht mehr leiden müssen. Bei der systemischen Aufstellungsarbeit spielt es übrigens keine Rolle, ob die Eltern noch leben oder nicht. Auch wenn sie bereits verstorben sind, ist die Heilung der Familienseele dennoch möglich.

Emanzipation, Kriegsurenkel und die Absicht, alles besser zu machen: Ich bin nicht nur selbst eine Kriegsenkelin, ich kann mich auch noch gut an die Manipulation der Massen bezüglich der Selbstbestimmung und Emanzipation der Frauen erinnern. „Wer sich nicht wehrt, endet am Herd" waren die

Sprüche, unzählige Berichte und Interviews mit Prominenten zum Thema „Beruf, Partnerschaft, Kinder – alles ganz easy unter einen Hut zu bekommen" waren an der Tagesordnung. Rückblickend kann ich das Muster dieser Umerziehung ganz deutlich erkennen. Heute wissen wir, dass die Hauptgründe für diese Entwicklung eine massive Erhöhung der Steuereinnahmen und eine Destabilisierung der familiären Strukturen waren. Letzteres hat eine Schwächung der Gesellschaft durch fehlendes, familiäres Gefüge aufgrund von Scheidungen und teilweise stark traumatisierten Scheidungskindern zur Folge. Wurzellose Menschen sind natürlich viel einfacher zu lenken und zu beeinflussen, als stark verwurzelte Individuen, die die geballte Kraft der Familie im Rücken haben.

Es war und ist absolut erstrebenswert, dass Frauen sich aus der jahrhundertelangen Anhängigkeit der Männer befreien, doch war dies sicher nicht die einzige Absicht derer, die all das durch gezieltes Framing in die Wege geleitet haben. Sicherlich sollte keine Frau über Jahrzehnte unglücklich an einem Herd stehen. Doch sollte sie auch nicht an einem Burn-out, an gescheiterten Partnerschaften und an mangelnder Bindung zu ihren Kindern zerbrechen, weil es eben doch nicht so einfach ist, all das unter einen Hut zu bekommen. Bereits Anfang der Neunziger Jahre, als ich in den Zwanzigern war, war es mir ein Rätsel, wie dieser Spagat für alle Beteiligten zufriedenstellend funktionieren sollte. Mein Alltag war geprägt von Wirtschaftsaufschwung, Arbeit und Überstunden. Viele Frauen ließen sich beeinflussen und wagten den Spagat, deren Kinder wurden sehr früh in Krippen, Kitas und Kindergärten untergebracht. In den Grundschulen wurde die Nachmittagsbetreuung eingeführt, alles war perfekt vorbereitet.

Sicher war auch die Prägung der Kriegsgeneration ein unterschwellig mitschwingendes Thema. Leistung bringen, schuften bis zum Umkippen und Durchhaltevermögen waren hier die Parolen, denn das Leben war ja schließlich kein Zuckerschlecken. Und so sind oder waren die Kriegsenkelinnen in großer Zahl in psychologischer Betreuung, um ihr Leben zu reflektieren und herauszufinden, wer sie eigentlich wirklich sind. Psychosomatische Leiden haben sie ausgebremst und es ist zu hoffen, dass sie die Zeit nutzen, um auf allen Ebenen gesund zu werden. Für sich und ihre Nachkommen. Die Kinder der Kriegsenkelinnen leben oftmals in einer ganz anderen Welt und es mangelt an Bindung. Mittlerweile haben viele Frauen erkannt, dass die meisten beruflichen Tätigkeiten nichts mit Selbstverwirklichung zu tun haben, sondern einzig und allein mit der Befriedigung von künstlich erzeugten Bedürfnissen. Dies ist ein erster Schritt zur Heilung und in die richtige Richtung. Es gibt aber auch genug Probleme in den von Kriegsenkeln gegründeten Familien, in denen die Frauen aus finanziellen Gründen nicht arbeiten müssen oder an einer eigenen Karriere nicht interessiert sind. Ich möchte nicht in jede Familie, die von Kriegsenkeln gegründet wurde, ein Problem mit deren Kindern hineininterpretieren, ich kenne auch viele gesunde Beziehungen zwischen Eltern und deren Kindern. Es ist jedoch nicht selten der Fall, dass aufgrund der eigenen suboptimalen Erziehung der Wunsch vorherrschend war, bei den eigenen Kindern alles besser machen zu wollen. Nur haben die Kriegsenkel eben keine Erfahrungen mit dem Bessermachen. Das Ergebnis ist eine Generation von wohlbehüteten Kindern, die im Auto kutschiert und denen sämtliche Wünsche erfüllt wurden. Kinder, deren Mütter die besten Freundinnen sein wollten und dadurch große Probleme bekommen, selbständig zu werden und mit Konflikten umzugehen. Sobald den Müttern, Vätern oder Kindern diese Diskrepanz bewusstwird, kann mit der Heilarbeit begonnen werden.

Und so möchte ich auch den Kriegsurenkeln ans Herz legen, sich mit den Ursachen für das mögliche gestörte Verhältnis zu ihren Müttern und auch Vätern zu beschäftigen und das Gespräch zu suchen. Die Kriegsurenkel sind mittlerweile bereits zwischen 20 und 40 Jahre alt und deren Eltern auf jeden Fall über 50 Jahre alt. Es sterben nicht nur sehr alte Menschen jenseits der 80, derzeit sterben auch vermehrt jüngere Menschen, z.B. an Krebs. Doch nicht nur die Angst vor einem möglichen Abschiednehmen sollte uns dazu bringen, Ordnung und Heilung in unsere familiären Beziehungen zu bringen. Starke Familienstrukturen sind das Beste, was einem Menschen passieren kann, denn man spürt immer den Halt im Rücken und die Kraft der Ahnen. Dies scheint heutzutage eher selten geworden zu sein, doch wir können es auf dem Weg in die Neue Welt wieder etablieren. Eine Familie, die zusammenhält, ist unschlagbar, sie kann alles bewältigen, egal, was passiert. Warum fangen wir nicht einfach heute damit an zu reden, unsere Ansichten zu reflektieren, die Ursachen unseres Verhaltens und unserer Gedanken zu verstehen, um diese dann zu verändern? Und wenn der Elternteil sich nicht öffnen und durch Gespräche an einer Lösung für die Beziehungsprobleme mitarbeiten möchte, haben wir immer noch die Möglichkeit, mithilfe einer oder mehrerer Familienaufstellungen die Heilung der Familienseele selbst in die Hand zu nehmen. Oder wir entscheiden uns für einen anderen Weg. Die wichtigste Voraussetzung für den Weg zur Heilung ist es, wie immer, eine Entscheidung zu treffen, denn dann öffnen sich die weiteren Türen wie von selbst.

Heilung des Familiensystems: Nicht alle alten Kriegskinder sind bereit, über das Erlebte zu reden. Manches streiten sie sogar ab oder sind davon überzeugt, gar nichts Schlimmes erlebt zu haben. Auch das ist eine Form des Selbstschutzes.

Und auch die Kriegsenkel sind nicht immer dazu bereit, ihr eigenes Verhalten zu reflektieren und Fehler einzugestehen. Bei den Systemischen Familienaufstellungen spielt es keine Rolle, ob und wie weit sich die Eltern geöffnet haben oder einsichtig sind, sie müssen davon auch gar nichts wissen. Die Aufstellungen können sogar durchgeführt werden, wenn Angehörige bereits verstorben sind. Wenn die Absicht des Aufstellenden die Heilung des Familiensystems oder die Verbesserung seines Verhältnisses zu den Eltern ist, kann die Aufstellung durchgeführt werden. Meist werden dafür andere Menschen stellvertretend für die Familienmitglieder in einem Raum aufgestellt und der Therapeut erforscht durch gezielte Fragestellung, wie diese zueinanderstehen und was sie fühlen. Durch diese intensive Arbeit können auch Familiengeheimnisse wie Gewalt, Vergewaltigungen oder Abtreibungen ans Tageslicht kommen. Aber niemals kommt etwas heraus, was von dem Aufstellenden psychisch nicht verarbeitet werden könnte. Die Familienaufstellung ist ein sehr wirksames Werkzeug, um das Familiensystem und um Beziehungen zu heilen. Die dadurch neu entstandene emotionale Herzensbindung ist eine gute Voraussetzung dafür, am Lebensende in Liebe voneinander Abschied nehmen zu können.

Traumatherapie und weitere Wege zur Aufarbeitung: In der Traumatherapie geht es darum, bestehende Denk- und Verhaltensmuster zu ändern. Dieser Bereich der Psychotherapie war bereits für viele Kriegsenkel eine große Unterstützung auf dem Weg zu mehr Gelassenheit und Akzeptanz bezüglich der eigenen Eltern und deren Verhalten. Die klassische Traumatherapie wird von Psychotherapeuten durchgeführt.

Auch erfahrene Heilpraktiker, insbesondere die klassischen Homöopathen, arbeiten immer auch auf psychischer Ebene und verbinden die

Psychotherapie mit Naturheilkunde und teilweise auch mit systemischen Familienaufstellungen.

Die Konflikt- und Traumatherapie nach Rainer Körner, bestimmte Formen der Hypnose, die Emotionale Umkehr nach A. Frauenkrohn-Hoffmann und die Arbeit mit dem biologischen Heilwissen können ebenfalls gute Werkzeuge sein, um mit der Heilung von Beziehungen zu beginnen. Passend zum Thema gibt es die Bände I. und II. mit dem Titel „Heilung von Beziehungen" von Gopal Norbert Klein.

In dem Buch „Der Vagus Schlüssel zur Trauma Heilung" von Gopal Norbert Klein wird das Ehrliche Mitteilen beschrieben, das ebenfalls ein guter Weg zur Heilung sein kann.

Wenn du als Kind unter der Strenge der Eltern gelitten hast und in deinem Kindsein verletzt worden bist, kann ich dir Bücher und Seminare zur Heilung des inneren Kindes sehr empfehlen.

Gesellschaftsreform und die *Neue Welt*: Die Energie folgt bekanntlich der Aufmerksamkeit und so möchte ich jedem Mitmenschen ans Herz legen, einmal in sich zu kehren und sich vorzustellen, in was für einer Welt er in Zukunft leben möchte. So wie es während der letzten Jahrzehnte gelaufen ist, kann es nicht weitergehen mit uns, unseren Kindern und unseren pflegebedürftigen Eltern. Aber was wäre die Alternative? Derzeit läuft unser Leben bedauerlicherweise nach dem Schema ab: Wir geben die Kinder so schnell wie möglich in die Obhut von Fremden und wir geben unsere Eltern in die Obhut von Fremden, sobald sie alleine nicht mehr zurechtkommen. In der Zwischenzeit arbeiten wir uns bis an den Rand des Nervenzusammenbruchs und sind chronisch unglücklich. So wurde es uns durch geschickte Gehirnwäsche nahegelegt. Aber wollen wir das? Lasst uns gemeinsam überlegen, wie es in der Zukunft aussehen könnte, für sämtliche Familienangehörige gleichermaßen da zu sein. Was müsste sich ändern, damit wir die wichtigsten Phasen unserer Angehörigen bis ins kleinste Detail miterleben können? Was darf in uns selbst entstehen und wachsen, damit wir in Zukunft die ersten Worte und Schritte unserer Kinder und die letzten Atemzüge unserer Eltern miterleben können? Wie möchten wir in Zukunft leben? In welchen Strukturen, mit welchen Schulen, Lebensmitteln und Medikamenten? Wir stehen am Scheidepunkt zur Technokratie, sehnen uns jedoch gleichzeitig tief in unserer Seele nach einem Leben in der Natur, wollen zurück zu den Wurzeln unseres Ursprungs. Jeder einzelne ist dabei gefragt, Visionen für die Zukunft zu kreieren. Wie wollen wir in Zukunft leben? Das ist die existentielle Frage unserer Zeit. Und während wir darauf Antworten suchen und finden, sollten wir sämtliche finanziellen Mittel für die Versorgung unserer Eltern ausschöpfen, die uns zur Verfügung stehen und aus der derzeitigen Situation das Beste machen. Wenn wir im kleinen Familienkreis für Heilung sorgen, wirkt sich das immer auf die Mitmenschen aus und so kann eine Heilung im Kleinen die Heilung des Kollektivs nach sich ziehen. Wir sind untrennbar voneinander, wir gehören zusammen und sind eins.

WENN DIE UHREN AUF EINMAL ANDERS TICKEN

Es war der 1. August 2023, eine lauwarme Sommernacht, ich war gerade eingeschlafen. Seit gut zwei Jahren hatte ich abends das Telefon am Bett liegen, war also rund um die Uhr erreichbar, was mir ein besseres Gefühl gab in Bezug auf meine über achtzig Jahre alten Eltern. Ein Anruf zu dieser Uhrzeit war kein gutes Zeichen und ließ mich auf der Stelle erwachen. Auf dem Display sah ich den Namen meiner seinerzeit 28 Jahre alten Nichte, die mit Mann und Kleinkind in dem gleichen Mehrfamilienhaus meiner Eltern wohnt. Genau wie ihr Bruder mit Familie, meine Eltern selbst sowie meine alleinstehende Schwester. Auch wenn jeder seine eigene Wohnung hat, ist das viel Familie auf engem Raum, was bestimmt nicht immer einfach ist und war. In schwierigen Lebenssituationen zeigte sich jedoch schon oft, wie wertvoll es ist, als Familie zusammenzurücken und dass eine gewisse Nähe durchaus auch von Vorteil sein kann. Ich wohne 15 km entfernt und besuche meine Eltern mehrmals in der Woche, wohlwissend, dass es ein wunderbarer „Luxus" für eine Frau meines Alters (Bj. 1970) ist, diese Lebenszeit in die Unterstützung ihrer Eltern investieren zu können, ohne sich dafür zerreißen zu müssen.

„Oma ist hingefallen und hat furchtbar geschrien. Sie hatte ein total verdrehtes Bein und ist jetzt auf dem Weg ins Krankenhaus. Sie ist wohl mit dem Kopf auf dem Nachttisch oder auf dem Bett aufgeschlagen." Der Aufprall des Kopfes war so laut, dass die jungen Familien, die in der anderen Haushälfte wohnen, den Knall gehört haben und sofort zu ihren Großeltern gerannt sind. Die Lebensgefährtin meines Neffen hat als OP-Schwester schnell erkannt, dass die Lage ernst war und die Rettungssanitäter vor dem Transport meiner verletzten Mutter vom 1. Stock ins Erdgeschoss durch das enge Treppenhaus dazu angehalten, unbedingt ein Schmerzmittel zu spritzen. Auch wenn das bei den Venen meiner Mutter nicht so einfach war. Meine Schwester fuhr mit ins Krankenhaus, das glücklicherweise nur 5 Minuten vom Haus meiner Eltern entfernt ist. Wir verblieben so, dass sie sich meldete, sobald sie etwas wüsste. Als ich auf den roten Knopf des Telefons drückte, um das Gespräch zu beenden, wusste ich, dass dieser Sturz das Todesurteil für meine Mutter war und nun eine Zeit mit ganz neuen Erfahrungen für uns alle beginnen würde.

Zu diesem Zeitpunkt war meine Mutter 89 Jahre alt und würde bald ihren 90. Geburtstag feiern. Sie hatte 2 gesunde Töchter, 3 Enkel + 2 angeheiratete Enkel und bereits einige gesunde Urenkelkinder, die sie oft zu Gesicht bekam. Sie hatte den zweiten Weltkrieg erlebt, sicher einige Traumata erlitten und war für meine Schwester und mich eine oftmals sehr strenge und durch die Selbständigkeit auch überarbeitete Mutter mit kurzer Zündschnur gewesen. Doch sie hatte auch ein sehr erfülltes Leben, war durch die Gastronomie stets mit vielen Menschen in Kontakt, hatte nie ernsthafte Erkrankungen oder im Anschluss an ihre Kindheit keine weiteren Tragödien erleben müssen. Und trotzdem war sie in den letzten Jahren das ein oder andere Mal des Lebens überdrüssig. Die Luft schien manchmal raus gewesen zu sein, oder wie es die TCM zu beschreiben pflegt: Die Lebensenergie, das Qi, schien fast aufgebraucht gewesen zu sein. Der vormals sehr gute Appetit ging immer mehr zurück, kein Interesse mehr an Urlauben, Ausflügen oder einem Spaziergang um den Häuserblock. Und sei es nur für die Geschmeidigkeit der Gelenke als Trainingseinheit, so wie mein Vater sie diszipliniert jeden Tag durchführt. Ich konnte verstehen, dass für einen Menschen nach einem so langen und erfüllten Leben eine Zeit kommen kann, in der er einfach keine Lust mehr hat, jeden Morgen seine schmerzenden Gelenke einzureiben und Inkontinenzeinlagen zu tragen. Daher konnte ich ihren gelegentlichen Bekundungen: „Nein, lieber Gott, das macht alles keinen Spaß mehr!" nichts entgegensetzen. Das Einzige, was bis wenige Tage vor ihrem Tod immer bejaht und genossen wurde, waren die weich gekochten Eier. Die gingen einfach immer!

Nach dem Gespräch mit dem behandelnden Arzt überbrachte mir meine Schwester um 2 Uhr morgens am Telefon dann die Nachricht, dass unsere Mutter bei ihrem Sturz einen Bein- und Schädelbruch erlitten hatte. Meine innere Stimme wusste, dass sie mental und körperlich nicht mehr in der Lage war, diese schweren Verletzungen zu kompensieren. Dafür fehlte ihr die Kraft und auch der Lebensmut.

Am 11. August wurde meine Mutter endlich operiert und die alte Knieorthese wurde gegen eine neue ausgetauscht, die allerdings eine Nummer zu klein war, weil die richtige Größe in Titanausführung für Allergiker nicht lieferbar war. Der Sturz hatte neben dem Knochenbruch kurz über dem Knie auch große Verletzungen innerhalb des Knies verursacht. Die OP dauerte viel länger als gedacht und die anschließend verabreichten Schmerz-Medikamente waren sehr hoch dosiert. Die Narkose und der Medikamenten-Cocktail machten augenscheinlich einen Zombie aus meiner Mutter und die Ohnmacht, nichts tun zu können, traf mich tief im Herzen. Auch in der geriatrischen REHA lief es nicht besser, der extrem hohe Krankenstand des Personals machte die Situation für alle Beteiligten nicht einfacher. Meine Mutter schrie aus Angst vor Schmerzen bei der kleinsten Berührung, so dass eine Physiotherapie kaum möglich war. Ich betete nicht nur einmal zu Gott, sie möge die Zeit im Krankenhaus überleben und erst zu Hause sterben. Doch diese ganze unsägliche Situation hatte auch etwas Gutes: Sie trug dazu bei, dass wir -meine komplette Herkunftsfamilie und mein Mann Andreas- uns ohne zu diskutieren klar darüber waren, dass wir die Pflege daheim selbst übernehmen würden. Wir wussten noch nicht genau, wie das ablaufen würde. Aber die Entscheidung war getroffen, und wo ein Wille ist, findet sich bekanntlich auch immer ein Weg.

DIE VORBEREITUNGEN

Die wichtigste Vorbereitung betrifft jeden einzelnen von uns und sollte am besten jetzt sofort getroffen werden:

Patienten-Verfügung und Patienten-Wunschliste Diese kann den Angehörigen eine große Entscheidungsnot ersparen und eine leidvolle, ungewünschte Lebensverlängerung verhindern. Insbesondere dann, wenn alte Menschen nach einer großen Operation geistig nicht mehr in der Lage sind, vernünftig über eine Magensonde oder Ähnliches zu entscheiden. Auch in jungen Jahren können wir nach einem Unfall monatelang künstlich am Leben erhalten werden, eine Patienten-Verfügung muss nicht zwangsläufig nur im Alter relevant werden. Dann aber natürlich in den meisten Fällen. Noch immer kommt es vor, dass Angehörige nicht loslassen können, weil ihnen der Tod ein Gräuel ist. Statt den alten Menschen, der beginnt, die Nahrungs- und Wasseraufnahme zu verweigern, liebevoll auf seinem letzten Weg zu begleiten, veranlassen sie eine künstliche Ernährung und den Transport ins Krankenhaus. In meinen Augen ist das ein aus Liebe begangenes Verbrechen, das man mit einer Patienten-Verfügung und einem ausführlichen Gespräch zu Lebzeiten hätte verhindern können.

> *„Der Mensch stirbt nicht, weil er die Nahrungsaufnahme einstellt – er hat die Nahrungsaufnahme eingestellt, weil er stirbt"*

Dies ist ein ganz wichtiger Aspekt in der Palliativbegleitung eines Menschen, der darum bittet, dass keine lebensverlängernden Maßnahmen ergriffen werden. Zu letzteren gehören selbstverständlich auch Nahrungsergänzungen wie Vitalstoffe. Abgesehen davon, dass bei bettlägerigen Menschen oftmals Schluckbeschwerden vorliegen, wäre es sträflich, sie durch die massive Verabreichung von Vitaminen und weiteren Nährstoffen am Leben erhalten zu wollen. Auch das ständige Überreden zum Wassertrinken gehört nicht mehr auf den letzten Weg. Der Sterbende weiß sehr genau, wann er etwas essen oder trinken möchte. Und sollte der Wunsch darin bestehen, einen Schnaps oder ein Eierlikörchen zu trinken, sollte man ihm diesen Wunsch keinesfalls abschlagen. Wir können dem Sterbenden gerne etwas anbieten, müssen seine Entscheidung aber unbedingt akzeptieren und immer auf seine Wünsche eingehen. Neben der normalen Patientenvollmacht, die jeder von uns bereits in jungen Jahren und noch bei bester Gesundheit in die Wege leiten kann und die meist ausschließlich den Verzicht auf lebensverlängernde Maßnahmen umfasst, sollten wir in einem passenden Moment mit unseren Eltern und auch mit dem Partner oder alleinstehenden, kinderlosen Geschwistern über die Wünsche in Bezug auf das Sterben sprechen. Ich weiß, dass solche Dinge gerne fortgeschoben werden, aber der langsame altersbedingte Verfall bis hin zum Tod ist eher die Seltenheit. Meist werden wir plötzlich durch eine Krankheit, einen Schlaganfall, einen Sturz oder einen Unfall mit der Pflegebedürftigkeit konfrontiert. Es ist ein Segen, wenn im Vorhinein bereits einige wichtige Dinge besprochen wurden. Einige Wünsche können sich Jahre später natürlich auch verändert haben oder es sind neue Vorlieben hinzugekommen. Aber im Falle einer Bewusstlosigkeit z.B. durch ein Koma ist eine Besprechung halt nicht mehr möglich. In diesen Fällen wäre eine ausführliche Patienten-Verfügung bzw. eine Patienten-Wunschliste von großem Vorteil. Über folgende Themen kann sich jeder von uns einmal in Ruhe Gedanken machen und seine Wünsche dahingehend zu Papier bringen:

Umfeld: Wenn du daheim sterben möchtest, wie sollte dann dein Zimmer aussehen? Möchtest du Klarheit oder bevorzugst du viele bunte Blumen? Möchtest du weiße Bettwäsche oder bunte? Magst du Kerzen und Räucherwerk? Bevorzugst du krautige tibetische Räucherstäbchen oder feine japanische Räucherstäbchen, die nach Jasmin, Rose und Sandelholz duften? Oder möchtest du am Lebensende nur noch klare, frische Luft atmen? Möchtest du in Erinnerungen schwelgen und dir alte Fotos und Urlaubserinnerungen ansehen? Oder möchtest du dich spirituell auf den Übergang ins Licht vorbereiten und dein Erdenleben in Liebe hinter dir lassen?

Pflege: Wie sollte die Palliativpflege aussehen? Möchtest du überhaupt von Familienangehörigen gepflegt werden? Väter möchten oftmals nicht von ihren Töchtern gepflegt werden, diese Intimsphären sollten unbedingt gewahrt werden. Hier kann die Palliativbegleitung und ganzheitliche Umsorgung mit einem Pflegedienst kombiniert werden, der sich dann ausschließlich um die Inkontinenzversorgung und das Waschen des Intimbereichs kümmert.

Berührung: Magst du Berührungen und kannst du dir vorstellen, an den Händen, im Gesicht und an den Füßen massiert zu werden? Kannst du dir vorstellen, auch im Falle einer Bewusstlosigkeit achtsame Ausstreichungen aus der Basalen Stimulation ®[1] als angenehm zu empfinden? Wenn du diese Form nicht kennst, schaue dir Videos dazu an. Hast du bestimmte erogene Zonen, die auf keinen Fall berührt werden sollten?

Düfte: Gibt es Düfte, in die du in der letzten Phase deines Lebens eingehüllt werden möchtest? Und gibt es Düfte, die du abstoßend findest? Welche Produkte bevorzugst du für die Körperpflege? Welche naturheilkundlichen Therapien und Mittel kommen in Frage?

Musik: Gibt es eine Musik, der du lauschen möchtest, während du dein irdisches Kleid ablegst? Oder liebst du auch die Stille und kannst dir vorstellen, am Ende ganz bei dir zu sein? Vielleicht möchtest du aus heutiger Sicht sogar alleine sterben und niemanden um dich versammelt haben.

Rituale: Gibt es sonstige Rituale, die du dir in deinen letzten Wochen, Tagen und Stunden vorstellen könntest. Gibt es Mantras, die du hören möchtest oder Freundinnen, die sie dir vorsingen sollen? Hast du eine Klangschale, die dich innerlich beruhigt? Möchtest du dein Haustier an deiner Seite haben? Möchtest du, dass sich deine Enkel- und Urenkelkinder von dir verabschieden? Soll jemand etwas Schönes vorlesen? Wenn ja, hast du Lieblingstexte?

Schmerzversorgung: Möchtest du durch den Schmerz hindurchgehen und die Sterbephasen mit klarem Geist erleben, daher entweder gar nicht oder nur leicht betäubt werden? Das betrifft insbesondere Menschen, die sich mit dem Tod beschäftigen und ihn ganz bewusst erleben wollen. Oder weißt du bereits jetzt, dass du die stärksten Schmerzmittel verabreicht haben möchtest, weil du ein sehr schmerzempfindlicher Mensch bist. Hast du Angst vor Schmerzen und möchtest starke Schmerzmittel und, wenn es sein muss, auch Morphium verabreicht bekommen? Oder möchtest du erst einmal Cannabisprodukte wie CBD-Paste oder CBD-Öl ohne THC und bei sehr starken Schmerzen auch Cannabis mit THC ausprobieren?

---

[1] Dabei soll dem Patienten durch bewusst geplante Sinnesanregungen die Möglichkeit gegeben werden, sich seines Körpers und seiner Umwelt wieder zu erinnern. Insbesondere wird bei Fortbildungen unter anderem auch die non-verbale Kommunikation und das Erkennen von Reaktionen bewusstloser Menschen erlernt.

Palliativstation oder Pflegezimmer daheim? Vertraust du der Schulmedizin und möchtest bis zum letzten Moment in der Obhut von Ärzten in einem Krankenhaus bleiben? Vielleicht im Beisein eines Angehörigen? Wer soll bei dir auf der Palliativstation bleiben und dort vielleicht sogar übernachten? Oder möchtest du daheim in vertrauter Umgebung deinen letzten Atem aushauchen? Wenn ja, müssen die Menschen, denen du vertraust, das wissen, denn es kann sein, dass du nicht mehr bei Bewusstsein bist und die Entscheidung daher nicht mehr selbst treffen kannst. Auch alten Menschen, die schwere Operationen hinter sich haben, fehlt oftmals der klare Verstand, um solche Dinge dann noch entscheiden zu können.

Trauerfeier: Hast du eine genaue Vorstellung davon, wie eine mögliche Trauerfeier aussehen soll? Welche Musik soll gespielt werden? Welche Lieder sollen gesungen werden? Vielleicht soll eine Sopranistin ein berührendes Lied singen, während im Hintergrund Bilder von dir über eine Leinwand laufen, die den Anwesenden das Herz öffnet. Welche Gedichte sollen vorgetragen werden? Gibt es etwas Wichtiges, was du deinen Angehörigen, deinen Nachkommen und Freunden mit auf den Weg geben möchtest? Überlege einmal in Ruhe, welche Botschaft dir wichtig ist für den Fall, dass du sie zu Lebzeiten nicht mehr überbringen könntest. Oder möchtest du ganz in Ruhe und in kleinem Familien- oder Freundeskreis beigesetzt werden, weil du zeitlebens bereits alles Wichtige vorgetragen hast oder vielleicht weißt, dass es Familienangehörige gibt, die eine große Trauerfeier kaum ertragen könnten.

Bestattung: Wie möchtest du bestattet werden? Möchtest du verbrannt werden oder eine Erdbestattung? Möchtest du eine Platte oder ein anonymes Grab, das niemand pflegen muss, auf einen Friedhof, in einen Friedwald oder im Meer verstreut werden? Wenn du zu Lebzeiten diese Entscheidungen triffst und zu Papier bringst, ersparst du deinen Hinterbliebenen unnötiges Kopfzerbrechen.

Fast 80% der Menschen sterben in einem Krankenhaus oder in einem Pflegeheim. Von den restlichen 20% wurden ca. 80% durch Familienmitglieder gepflegt, das ist auch der heutige Stand. Studien, in denen Menschen unterschiedlichen Alters befragt wurden, haben jedoch gezeigt, dass fast jeder am liebsten in seiner vertrauten Umgebung daheim sterben möchte. Diese Kultur dürfen wir in unserer Gesellschaft wieder integrieren.

...und hier noch ein paar Gedanken zum Thema Manifestation: In den vergangenen Jahren habe ich immer wieder erkennen können, dass einige der Menschen, die sich für sehr spirituell halten, große Bedenken haben, sich mit Themen zu beschäftigen, die nicht in ihre „Licht & Liebe-Mentalität" passen, weil sie Angst haben, jeder Gedanke könnte real werden und sich manifestieren. Das hatte zur Folge, dass sie der Realität ausgewichen sind und sich mit vielen, ihre Gesundheit betreffenden Fakten einfach nicht auseinandergesetzt bzw. sie noch schöngeredet haben. Ich empfinde es so, dass hier einiges verwechselt oder missverstanden wurde. Wir Menschen denken tagtäglich zigtausende von teilweise absurden Gedanken, Frauen noch mehr als Männer. Nicht jeder dieser Gedanken kann sich manifestieren und wird es auch nicht. Wenn in unserem Leben Hindernisse oder Herausforderungen auftauchen, sollten wir uns damit auseinandersetzen, statt sie zu ignorieren und den Weg des geringsten Widerstandes zu wählen. Es ist wichtig, dabei die eigenen Ängste zu reflektieren und nicht die Spiritualität vorzuschieben, oder einen Gott, der uns schon beschützen wird. Die Betrachtung realer Themen und Probleme, seien sie privat oder geopolitisch, ist wichtig, damit wir Entscheidungen treffen können. Diese zu ignorieren hilft niemandem. Diese immer und immer wieder durchzukauen und durch verzweifeltes Bedauern mit Energie zu füllen, ist sicher auch kontraproduktiv. Wir dürfen als Erdenbewohner einen guten Mittelweg finden, das alleinige Ignorieren wird uns jedoch nicht weiterbringen. Auch beim Thema Tod ist eine spirituelle Aufrichtigkeit notwendig, wenn wir eine neue Sterbekultur in der Gesellschaft einer *Neuen Welt* integrieren möchten. Das Thema beiseite zu schieben, weil wir Angst haben, wir könnten negative Energien erzeugen oder unseren Tod manifestieren, ist ein Indiz dafür, dass auch bei *spirituell orientierten* Menschen oftmals noch Ängste und Widersprüche präsent sind, die in Liebe angeschaut, verarbeitet und losgelassen werden dürfen.

Vorsorgevollmacht: Auch die Vorsorgevollmacht ist sehr wichtig, um sich rechtlich abgesichert um sämtliche Belange kümmern zu dürfen und als Ansprechpartner für Institutionen wir Banken, Versicherungen, Behörden und Krankenkassen zur Verfügung zu stehen. Das Formular zur Vorsorgevollmacht kann aus dem Internet heruntergeladen, ausgedruckt und handschriftlich ausgefüllt werden.

Die Patienten-Verfügung bzw. Patienten-Wunschliste sowie die Vorsorgevollmacht können jederzeit von uns erstellt werden. Und zwar uns selbst betreffend, als auch unsere Angehörigen, allen voran unsere Eltern betreffend.

Um einen Menschen auf seinem letzten Weg zu begleiten, bedarf es jedoch weiterer, sehr umfangreicher Vorbereitungen. Um alles Wichtige übersichtlich zu gestalten, habe ich folgende Unterteilungen getroffen:

1. **Die spirituelle Vorbereitung**
2. **Die fachliche Vorbereitung**
3. **Die finanzielle Vorbereitung**
4. **Die häusliche Vorbereitung**

1. Die spirituelle Vorbereitung:

Wie bereits erwähnt, kann eine tiefgehend authentische, ehrliche Sterbebegleitung nur gewährt werden, wenn wir selbst keine erhebliche Angst vor dem Tod haben. Sind wir selbst voller Ängste und haben uns vorab noch nie mit dem Übergang ins Licht befasst, ist es aus meiner Sicht unvorstellbar, dem Sterbenden Sicherheit und ein gutes Gefühl zu vermitteln. Im Gegenteil, ich stelle es mir sogar stark belastend und irgendwie heuchlerisch vor. Nicht zuletzt deswegen, aber natürlich auch aus dem Grund, dass ein unbeschwertes Leben viel besser möglich ist, wenn wir den Tod nicht mehr dämonisieren, sondern lernen, aus spiritueller Sicht als Umzug in ein neues Haus (O-Ton Elisabeth Kübler-Ross) zu betrachten. Im Laufe des Lebens können wir aus heiterem Himmel mit dem Tod konfrontiert werden, nicht erst am natürlichen Lebensende der Eltern. Kinder können verunglücken, die beste Freundin an einer Krankheit versterben. Und natürlich wird auch unser bester Freund auf vier Beinen seine Körperhülle vor uns abstreifen, wenn seine Aufgabe erfüllt sein wird. Und nicht zuletzt ist der Tod ja keine Strafe, wie es uns einige Institutionen im Außen weismachen wollen, sondern er ist unvermeidlich.

Sich gelassen mit dem Thema des Sterbens zu beschäftigen setzt voraus, dass wir selbst im Laufe unseres Lebens einen tiefen Glauben oder eine Lebensphilosophie gefunden haben, die den Tod als Teil des Lebens erkennt, der nach der Erfüllung aller Aufgaben hier auf Erden wie das Abstreifen eines alten Kleides ist, damit Geist und Seele frei werden und sich mit dem Licht der Ewigkeit verbinden können. Oder wir glauben, unsere Seele ginge zurück zu Gott oder zu unserer Seelenfamilie. Vielleicht sind wir auch davon überzeugt, ins Paradies einzutreten und all unsere bereits verstorbenen Familienmitglieder und Haustiere wiederzusehen und sie in unsere Arme zu schließen. Welche Philosophie auch immer dir den Glauben gibt, das Sterben sei ein sehr wertvoller Lebensabschnitt, dem der Übergang in eine andere, eine lichtvolle Dimension folgt, spielt eigentlich keine Rolle, denn niemand von uns kann mit Gewissheit sagen, was im Anschluss an unseren letzten Atemzug folgen wird. Wer jedoch im tiefen Vertrauen ist, kann fühlen, dass wir mit einer höheren Macht verbunden sind und unsere Ahnen helfend an unserer Seite stehen.

In vielen östlichen Religionen bzw. Glaubensrichtungen ist die Reinkarnation ebenso ein wesentlicher Bestandteil wie die Lehre des Karmas. Das Karma, welches man wie Ursache und Wirkung verstehen könnte oder damit, dass sämtliche unserer Taten im gleichen oder einem folgenden Leben ausgeglichen werden bzw. Folgen haben, die guten wie die schlechten. Daher macht es immer Sinn, ein guter, mitfühlender Mensch zu sein.

Hilfreiche Bücher: Es gibt eine Vielzahl an Büchern, die sich mit den Themen Sterbebegleitung, Tod und Trauer beschäftigen. Ich habe mir eine riesige Tasche mit Büchern und Informationsmaterial von einer Bekannten ausgeliehen, die jahrelang in der Sterbebegleitung tätig war. Jedes einzelne Buch wurde von mir in die Hand genommen und ich habe nicht nur hineingefühlt, sondern auch in jedes hineingelesen oder es zumindest intensiv durchgeblättert. Sicher hat jedes dieser Bücher seine Berechtigung und wird mit bestimmten Menschen in Resonanz gehen. Ich würde dir ans Herz legen, in der Fachabteilung einer Buchhandlung nach den Büchern zu stöbern, die dir auf dem Weg eine wertvolle Hilfe sein werden. Nachfolgend einige Anregungen:

In ihrem Buch „Im Sterben dem Leben begegnen" bringt die Zen-Priesterin und Anthropologin Dr. Joan Halifax den Lesern ihre Sicht auf das Thema Palliativbegleitung näher, wie sie im Buddhismus verankert ist. Dieses Buch hat aus meiner Sicht viele wertvolle Ansätze, auch wenn ich nicht alles zu 100% annehmen konnte. Aber darum geht es auch gar nicht, denn was sich für mich nicht ganz stimmig anfühlt, kann für dich eine echte Bereicherung sein. In mir lösen beispielsweise die buddhistischen Meditationen, in denen wir uns ins Sterben und in unangenehme Situationen hineinfühlen sollen, Unbehagen aus. Was sicher daran liegt, dass ich mir seit Jahrzehnten der Kraft unseres Geistes und unserer Vorstellungskraft bewusst bin und weiß, dass unser Körper in seinen Reaktionen zwischen Vorstellung und

Realität nicht unterscheiden kann. Dr. Vera Birkenbihl hat es anschaulich dargestellt und Schauspielern nahegelegt, nicht ausschließlich leidvolle Rollen zu spielen. Wer sich jedoch intensiv mit dieser Form der Meditation beschäftigt und sie z.B. als Teil einer buddhistischen Gemeinschaft regelmäßig praktiziert, wird die Meditationen ganz anders empfinden. Neben diesen Meditationen bietet das Buch eine solche Informationsvielfalt, dass ich es am sinnvollsten erachtet habe, nachfolgend einige Zitate einzufügen, um dir einen Einblick in den Buchinhalt zu ermöglichen:

„Wenn wir unsere Verbundenheit in der miteinander geteilten Sterblichkeit erkennen, sind wir in der Lage, Furchtlosigkeit und Mitgefühl zu schenken. Patient und Begleiter sind ein und derselbe, verbunden in Leben und Tod, in Leiden und Freude. Wenn wir es schaffen, durch die Angst hindurchzugehen, indem wir uns mit anderen verbinden, entsteht wirkliches Mitgefühl.“

„Mönche, eure Mütter und Väter sind nicht hier, um sich um euch zu kümmern. Helft einander – wer sonst sollte es tun? Wenn ihr euch umeinander bemüht, ist es so, als würdet ihr euch um mich bemühen“. Später forderte der Buddha seine Schüler auf, Kranken mit liebevoller Güte, Mitgefühl, Mitfreude und Gleichmut zu begegnen – jene Qualitäten, die im Buddhismus die „Vier unermesslichen Geisteszustände“ genannt werden. Wenn wir die Saat der liebevollen Güte, des Mitgefühls und der Freude aussäen, hilft uns das, auf den Wellen der Unbeständigkeit dahinzugleiten, ohne dass wir ertrinken. Gleichmut, der auf dem Loslassen beruht, ist die Fähigkeit, mit dem Leiden in Berührung zu sein, ohne davon überwältigt zu werden. Gleichmut kann als ein Zustand aufgefasst werden, in dem alles gleich gültig ist, aber nicht gleichgültig. Wir nehmen alle Wesen mit dem gleichen Herzen an und akzeptieren in gleichem Maße Leiden und Freude.“

„Veränderungen sind unvermeidlich, Entwicklung gibt es nur, wenn man sich dafür entscheidet.“

„Erleuchtung ist ein Zufall, aber Praxis macht dich anfällig für Zufälle.“

„Die Erkenntnis, dass der Tod unmittelbar bevorsteht, kann ein direkter Pfad sein, auf dem wir den Sinn des Lebens entdecken. „Im Leben vieler Menschen ist Sinnlosigkeit das tiefste Leiden“, so schrieb Viktor Frankl als Überlebender des Holocaust, dass der Tod dem Leben seine Bedeutung gebe. „Ich möchte immer im Endstadium sein“, sagte mir ein Krebspatient kurz vor

seinem Tod. *Seine Diagnose gab ihm eine Sicht, die er als gesunder Mensch verloren hatte. Im Sterben drückte er vieles davon aus, was er nicht gelebt hatte – und das war nicht nur gut für ihn, sondern für alle, die ihn umgaben. Mich erinnerte er daran, dass wir alle im Endstadium sind.*"

"Alles, was ein Mensch, der ein schwieriges Sterben vor sich hat, manchmal nur braucht, ist die Erlaubnis zu gehen und das Wissen, dass er geliebt wird...Gebete und gute Worte können ein Floß sein, doch es kommt der Moment, da müssen wir springen und darauf vertrauen, dass die andere Seite uns auffängt und sicher hält."

In diesem Buch kannst du außerdem eine Reihe von Ansichten, Erfahrungen und Meditationen finden sowie eine große Anzahl unterstützender Sätze, die mich an irisch-keltische Segenssprüche erinnerten, denn sie beginnen mit „möge...*"

Beispielsweise:
"Möge ich den Schmerz annehmen und wissen, dass mich das nicht schlecht oder falsch sein lässt" oder *"Mögen alle Wesen frei von den Ursachen des Leidens sein"* oder *"Möge ich meine Grenzen mit genauso viel Mitgefühl betrachten wie das Leiden anderer.*"

Außerdem finden sich in dem Buch von Dr. Joan Halifax buddhistische Geschichten und Weisheiten, wie z.B. *"Religion ist für Leute, die Angst vor der Hölle haben; Spiritualität ist für Leute, die durch die Hölle gegangen sind.*" Das Buch ist seines Titels auf jeden Fall würdig, denn es ist gleichermaßen wertvoll für die Lebenden, wie für die Sterbenden.

Ähnlich aufgebaut ist das Buch „Die innere Kunst des Lebens und des Sterbens – Ein Ratgeber zum Umgang mit dem Tod" von Rodney Smith, der als Mönch jahrelang ein Praktizierender des Buddhismus neben seiner Autorentätigkeit auch als Dozent tätig war. Manchmal sind es nur vereinzelte Sätze in einem Buch, bei denen unser Herz zustimmend nickt:

"Was würden wir uns im Augenblick des Todes am meisten wünschen, im Leben vollbracht zu haben?"

"Wir brauchen nicht abzuwarten, bis wir selbst erkranken, um unsere eigene Verletzlichkeit in der Botschaft der Sterbenden gespiegelt zu sehen."

„Die wahre Suche ist nicht die Suche nach dem Sinn des Lebens, sondern nach dem Gefühl, lebendig zu sein." (Joseph Campbell)

Beide Bücher können und sollten daher nicht erst gelesen werden, wenn das Sterben Thema in unserem Leben wird, sondern können uns zu jeder Zeit im Leben Inspiration schenken.

Dorothea Mihm ist Palliative Care Krankenschwester, Heilpraktikerin, Bestatterin und Autorin und hat mehrere Bücher zum Thema geschrieben, die mich ebenfalls angesprochen haben. Darunter „Die sieben Geheimnisse guten Sterbens" sowie „Anleitung zum guten Sterben", was zusätzlich eine DVD enthält. Sie erklärt darin unter anderem die Sterbephasen aus buddhistischer Sicht nach den Elementen des Tibetischen Totenbuches Bardo Thödol. Dorothea Mihm bietet für pflegende Angehörige, medizinische Fachkräfte wie Krankenschwestern und Sterbebegleiter sehr interessante Seminare an (www.praxis-adarsha.de und www.basale-stimulation-lernen.de)

Im Christentum ist zwar von einem Paradies die Rede, aber auch von Himmel und Hölle sowie von den 10 Geboten und einer Aufzählung diverser Sünden, die die Menschen unweigerlich nach ihrem Ableben in die Hölle katapultieren würden. Denn es gibt wohl niemanden auf der Welt, der nicht schon gegen eines der 10 Gebote verstoßen hätte. Dies und der Druck, den die Kirchen jahrzehntelang auf die Menschen ausgeübt haben, haben dazu geführt, dass vor allem Teile der älteren Generation Gott fürchten und dem Tod mit Panik begegnen. Auch viele Menschen der Kriegsgeneration, die in ihrem Leben mit großem Leid konfrontiert wurden und wirklich viele Hürden und Neubeginne hinnehmen mussten, können an ihrem Lebensende oft nicht gelassen und in Frieden loslassen, was sehr bedauerlich ist. Die Institution Kirche hat ihren Beitrag dazu geleistet, weil sie einen zornigen Gott darstellt, der die Menschen für ihre Sünden bestraft, sobald sie ihre Augen für immer schließen. Aus meiner Sicht ist diese permanente Erzeugung von Angst die größte Sünde von allen und ich möchte dir um deiner selbst Willen, aber auch im Hinblick auf eine Sterbebegleitung von Angehörigen oder Freunden ans Herz legen, dem Tod ein guter, ein vertrauter Freund zu werden. Und das bereits jetzt zu Lebzeiten.

> *„Sobald wir alle unsere Arbeiten auf dieser Erde erledigt haben, ist es uns erlaubt unseren Leib abzuwerfen, welcher unsere Seele, wie ein Kokon den Schmetterling, gefangen hält. Wenn die Zeit reif ist, können wir unseren Körper gehen lassen, und wir werden frei sein von Schmerzen, frei von Ängsten und Sorgen, frei wie ein wunderschöner Schmetterling, der heimkehrt zu Gott."*
>
> **Elisabeth Kübler-Ross**

Denn ein gutes, ein vertrauensvolles Leben ist nur dann möglich, wenn wir das Feindbild Tod ablegen und ihn ins Leben als eine Art zweite Geburt integrieren.

> *„Lerne, mit deiner Stille in Kontakt zu kommen und zu wissen, dass alles in diesem Leben einen Sinn hat. Es gibt keine Fehler, keine Zufälle; Alle Ereignisse sind Segnungen, von denen wir lernen können."*
>
> **Elisabeth Kübler-Ross**

Ich möchte an dieser Stelle das Buch „Das Rad des Lebens" von Elisabeth Kübler-Ross (1926 – 2004) empfehlen, ihr letztes Werk, das sie kurz vor ihrem Tod als Autobiographie verfasst hat. Das Buch ist wunderbar geschrieben und umfasst nicht nur das Leben der schweizerisch-amerikanischen Psychiaterin und Sterbeforscherin, sondern im Zuge dessen auch die vielen Berichte von Sterbenden, aber auch von Menschen jeglichen Alters und deren Nahtoderfahrungen. Ich habe mich durch das Buch nicht nur mit dem Menschen Elisabeth verbunden gefühlt, die tief im Herzen sehr spirituell war, aber auch ein fehlbarer Mensch aus Fleisch und Blut, und daraus nie ein Geheimnis machte. Sie hatte mit großen Anfeindungen zu kämpfen und musste sich als junge Ärztin bereits in einem System behaupten, in dem weder weibliche Mediziner, noch psychisch kranke oder sterbende Menschen mit Respekt behandelt wurden. Ihre Geschichte hat mich tief beeindruckt und ich empfand das Buch wie eine Therapie gegen die Angst vor dem Sterben.
Elisabeth Kübler-Ross hat durch ihre Forschungen bei Sterbenden die fünf Phasen des physischen Erlebens dokumentiert. Diese Phasen werden noch

heute während der Ausbildungen in Pflegeberufen thematisiert. Es ist jedoch wichtig zu verstehen, dass diese Phasen nicht in Stein gemeißelt sind und daher auch nicht zwangsläufig in dieser Chronologie oder starr nach diesem Muster ablaufen müssen. Des Weiteren betreffen die Phasen vor allem Menschen, die

> Durch eine niederschmetternde Diagnose plötzlich und unerwartet mit dem Tod konfrontiert werden, obwohl sie vielleicht noch jung sind.
> Zwar alt sind, sich aber dennoch nicht mit dem nahenden Ende des Lebens abfinden wollen, weil sie noch nicht alles erledigt oder Angst haben.
> Angehörige von Menschen, denen plötzlich und unerwartet der nahende Tod bevorsteht.

Hier eine kurze Beschreibung der Sterbephasen nach Elisabeth Kübler-Ross:

1. Das Nicht-Wahrhaben-Wollen
2. Zorn – Aggression, Wut, Schuldzuweisungen
3. Verhandeln – mit Ärzten, Therapeuten, aber auch mit Gott oder einem anderen „Verantwortlichen"
4. Depression – Trauer, Depression und Ängste
5. Akzeptanz – Zustimmung

Einen alten Menschen, der sich nach einem erfüllten Leben darauf freut, Frieden mit sich und der Welt zu schließen und sich nach seinem Übergang ins Licht gemeinsam mit all den Lieben, die bereits vorausgegangen sind, ein wenig auszuruhen, betreffen diese Phasen eher nicht. Dr. Kübler-Ross hat mit ihren Aufzeichnungen und Forschungen während ihrer Arbeit in den Krankenhäusern begonnen und daher fast ausschließlich mit sterbenskranken Menschen gearbeitet. Trotzdem kann es passieren, dass auch ein sehr alter Mensch seinen schlechten Gesundheitszustand nicht akzeptieren will und depressive Phasen oder Momente von Traurigkeit zeigt. Diesen Gefühlen können wir als Begleiter sehr gut mit Verständnis, liebevoller Zuwendung und Aromatherapie begegnen. Ergänzende Informationen findest du weiter hinten im Buch.

Um das Verhalten unserer Mutter während des gesamten Sterbevorgangs besser zu verstehen, hat uns das Lesen des Buches „Exkarnation – Der große Wandel – Sterben und Tod im Lichte der Medialität, Homöopathie, Farb-

und Baumenergien" (ISBN 978-3-937095-32-5) sehr geholfen, das bereits seit 2002 erhältlich ist. Die Autorin Dr. Rosina Sonnenschmidt ist Heilpraktikerin, Medium, Autorin und Musikerin. Sie hat bereits über 50 Fachbücher verfasst und leitet das Institut InRoSo (www.inroso.com), über welches sie eine Vielzahl von Fortbildungen anbietet.

Neben vielen anderen interessanten Informationen erhält man in dem Buch „Exkarnation – Der große Wandel" genaue Beschreibungen der unterschiedlichen Sterbephasen, welche sich nicht nur auf die letzten Tage oder Stunden, sondern auch auf die letzten Lebensmonate beziehen. Der Sterbende taucht bereits in andere Dimensionen ein, sieht auf einmal den verstorbenen Hund oder seine Ahnen. Er kann Geräusche wahrnehmen, die niemand sonst hört oder Nebel sehen, die in der 3. Dimension nicht vorhanden sind. Ähnlich wie bei Demenzkranken ist es wichtig, diesen Sinneswahrnehmungen nicht zu widersprechen, sondern positiv auf sie einzugehen. Das Buch ist ein sehr guter Begleiter, der auf all dies vorbereitet, so dass die pflegenden Angehörigen gelassen auf alles, was während des Sterbevorgangs geschehen kann, reagieren können. Dr. Sonnenschmidt ist eine große Anhängerin der Homöopathie, der Baumessenzen und der Farblichtbehandlung. Zu jeder Sterbephase beschreibt sie ausführlich, welche homöopathischen Mittel welchen hellsichtigen Wahrnehmungen zuzuordnen sind und welche Baumessenzen und Farben unterstützen können. Die Sterbephasen, die Dr. Rosina Sonnenschmidt in ihrem Buch beschreibt, beziehen sich auf den Bardo Thödol, das Tibetische Totenbuch, welches die Essenz der tibetischen Philosophie beinhaltet. Darin wird das Leben als Übergang von der Seinsform mit Körper in die Seinsform ohne Körper verstanden, was sich stets kreisförmig wiederholt. Dr. Sonnenschmidt beschreibt ausführlich die sechs Wandlungen des Bewusstseins während des Sterbevorgangs und somit den Tod mit all seinen Aspekten aus der Sicht des tibetischen Buddhismus. Sie macht deutlich, dass Menschen sich dem Thema Sterben und Tod nur dann öffnen können, wenn sie das Leben voll und ganz angenommen haben und keine Todessehnsucht verspüren, bewusst oder unbewusst. Auch sollte der Sterbebegleiter selbst die Angst vor dem Tod abgelegt haben, damit er nicht weinend und verzweifelt am Bett des Sterbenden sitzt. Nachfolgend eine kurze Übersicht über die verschiedenen Wandlungsphasen nach dem Tibetischen Totenbuch Bardo Thödol:

Die erste Wandlungsphase „Die Elemente geraten in Bewegung" - Element Erde - In dieser Phase beginnt das Loslassen, der Mensch fühlt sich wie in einem Schwebezustand zwischen Leben und Sterben, oftmals in Verbindung mit ersten Anzeichen von mentaler und körperlicher Schwäche und Therapieresistenz.

Die zweite Wandlungsphase „Die Erde geht in das Wasser ein" - Element Wasser - Diese Phase ist vergleichbar mit den ersten Wehen vor einer Geburt und wird emotional meist als aufwühlend wahrgenommen. Die Energiekörper lösen sich voneinander, was von dem Sterbenden als akustisches Phänomen wahrgenommen werden und Ängste auslösen kann. Im fortgeschrittenen Stadium kann ein Acetongeruch wahrgenommen werden. Der Sterbende isst immer weniger und verweigert schließlich komplett die Nahrungsaufnahme. Er magert ab, wird zusehends schwächer.

Die dritte Wandlungsphase „Das Wasser geht in das Feuer ein" - Element Feuer – Der Sterbende steht nun am Scheideweg zwischen Leben und Tod. In dieser Phase kann es zu unglaublichen Kräftemobilisierungen kommen, ein so genanntes letztes Aufblühen, bei dem die letzten Proteinreserven verbraucht werden. Diese Phase hält meist nicht lange an und der Sterbende versucht auf dem Weg in die Exkarnation erstmalig seinen materiellen Körper abzuschütteln.

Die vierte Wandlungsphase „Das Feuer geht in die Luft ein" - Element Luft - Diese Phase wird auch als die Ruhe nach dem Sturm bezeichnet, die Körperfunktionen des Sterbenden kommen zur Ruhe, der Mensch hat sich für den Tod entschieden, die Loslösung vom materiellen Körper wird nun vollzogen, sein Bewusstsein verschmilzt mit dem großen Ganzen. Der letzte hörbare Atemzug und der letzte Herzschlag kündigen den finalen Sterbeprozess an. Ein Hecheln oder Schmatzen des Menschen ist möglich, energetisch ist die Phase durch Stille und Frieden gekennzeichnet. Hier ist Ruhe ganz besonders wichtig.

Die fünfte Wandlungsphase „Die Luft geht in den Äther ein" - Element Äther – Die vierte Phase geht nahtlos in die fünfte Phase über. Beim Sterbenden ist es zum vollkommenen Herz- und Atemstillstand gekommen und die Energiekörper trennen sich vom physischen Körper, die exkarnierende Geburt ist vollzogen. Die freigewordene Lebensenergie (Äther, Qi, Prana) verschmelzt mit dem Universum. Wir öffnen ein Fenster, um der Seele Freiheit zu gewähren und geben uns bedingungslos allen Gefühlen hin, die nun aufkommen können.

Die sechste Wandlungsphase „Entscheidungsfreiheit zur Inkarnation" Das Bewusstsein kann sich nun entscheiden, ob und wann es soweit ist erneut zu inkarnieren. Die Tibeter begleiten die Seele noch 49 Tage lang, an denen sie dem Verstorbenen mental immer wieder die Botschaft vermitteln, nun tatsächlich tot zu sein und sich erneut zu inkarnieren, wenn der richtige Zeitpunkt gekommen sein möge. Dieser Prozess, auch Totenwache genannt, sollte als letztes energetisches Geleit mindestens für eine Woche durchgeführt werden. Während der geistigen Verbindung mit dem verstorbenen Angehörigen sollten wir ihm Licht, Liebe und Dank schicken.

Auch bei dieser Philosophie die unterschiedlichen Sterbephasen betreffend, sind weder die Chronologie noch die Länge der Phasen in Stein gemeißelt und du wirst feststellen, dass bei dem eigenen Angehörigen vielleicht Besonderheiten auftreten, die nicht der aktuellen Sterbephase entsprechen. Du solltest die Phasen daher nur als einen hilfreichen Rahmen verstehen, eine Schablone, von der wir vorab nicht wissen, wie diese von dem Sterbenden ausgemalt werden wird. Jeder Mensch ist ein Individuum und wird seinen ganz eigenen, individuellen Weg gehen, da können wir sicher sein. Wichtig ist nur, dass wir mit allen Eventualitäten vertraut sind und dementsprechend gelassen, verständnisvoll und unterstützend zur Seite stehen können.

Und ganz besonders wichtig empfinde ich es, dieses Wissen zu nutzen und den Sterbenden, der vielleicht Unruhe zeigt oder sich während des Feuerelements die Kleidung vom Leib reißt, nicht mit starken Medikamenten ruhigzustellen. Diesbezüglich ist es sehr wichtig, auch gegenüber möglicherweise übereifrigen Palliativ-Medizinern das letzte Wort zu behalten und dich nicht überrumpeln zu lassen. Folge hier immer deinem Gefühl.

Wichtige Gespräche mit Geschwistern und Partnern: Bevor ich zu den Gesprächen komme, die spätestens dann geführt werden sollten, wenn die Frage der Palliativ-Pflege konkret wird, möchte ich noch einen Schritt weiter gehen. Wenn wir jung sind, einen neuen Partner kennenlernen und uns im fruchtbaren Alter befinden, dauert es meist nicht lange, bis wir mit diesem darüber sprechen, ob evtl. eine gemeinsame Familie gegründet werden soll. Es ist also ganz selbstverständlich, über Kinder zu sprechen. Meiner Meinung nach sollten wir auch darüber nachdenken und gegebenenfalls schon zu Beginn einer neuen Beziehung darüber sprechen, wenn es für uns selbstverständlich ist, zumindest einen Teil der Fürsorge für unsere Eltern zu übernehmen. Das kann zu einem späteren Zeitpunkt große Diskussionen ersparen. Gerade wenn wir im fortgeschrittenen Alter eine neue Beziehung eingehen, kann genau dies ja jederzeit eintreten. Und gerade die Töchter und Söhne der Kriegsgeneration haben nicht selten ein gestörtes Verhältnis zu ihren Eltern, das sie mitunter auf ihre Partner projizieren. Ich weiß, wovon ich spreche und würde heute keine Beziehung mehr mit einem Mann eingehen, auf den dies zutrifft. Ich brauche einen starken Partner an meiner Seite, kein Projekt, das ich vergeblich zu retten versuche und dafür wertvolle Lebenszeit vergeude.

Zur spirituellen Vorbereitung gehören meiner Meinung nach auch Gespräche mit dem Partner / der Partnerin und den Geschwistern, und zwar am besten, bevor der Fall der Fälle eingetreten ist. Jeder Mensch, der das Glück hat, noch lebende Eltern zu haben, sollte in einer ruhigen Minute einmal in sich hineinfühlen, ob es überhaupt in Frage kommt, seinen Teil zur Pflege, Betreuung oder Begleitung beizutragen. Sollte das der Fall sein und du lebst in einer Beziehung, ist es wichtig, dies zu besprechen, damit auch der Partner im Ernstfall darauf vorbereitet ist und dann nicht noch zusätzlich zur neuen Situation belastende Diskussionen geführt werden müssen. Ich für meine Person habe gegenüber meinem Partner nie einen Hehl daraus gemacht, dass ich ein Familienmensch bin, der seine Eltern im hohen Alter nicht sich selbst überlassen würde. Das ist für mich selbstverständlich, denn ich erachte das Lebensende eines Menschen als genauso wichtig wie die ersten Lebensjahre, in denen ein Kind in völliger Abhängigkeit lebt. Uns war auch klar, dass wir, so lange unsere Eltern leben, nicht auswandern oder weit wegziehen würden. Und das hat absolut nichts damit zu tun, dass ich meine eigenen Interessen für meine Eltern in irgendeiner Form zurückstelle – das Gegenteil ist der Fall. Es liegt in meinem höchsten Interesse und gehört zu meinem Lebensplan dazu, meinen Eltern bzw. seit 2024 nur noch meinem Vater eine bestmögliche Unterstützung zu sein, damit er daheim in seinem familiären Umfeld bleiben kann, gesunde Mahlzeiten zu essen bekommt und seine täglichen Rituale beibehalten kann. Ich empfinde diesen Dienst als selbstverständlich und mache das mit großer Freude.

Solltest du aus welchem Grund auch immer den Kontakt zu den Geschwistern abgebrochen haben oder ihr derzeit kein gutes Verhältnis zueinander haben, nimm dieses Buch doch zum Anlass, wieder Kontakt aufzunehmen und die Beziehung zu retten. Wenn es um die Pflege der Eltern geht, ist ein freundschaftliches Verhältnis unter den Geschwistern von großem Vorteil.

Für vollberufstätige Einzelkinder kann das unvorhergesehene Eintreten der Pflegebedürftigkeit oder auch der lange Weg dorthin sehr anstrengend sein, weil sie sich nicht nur gefühlt ständig in begrenzten Zeitfenstern aufhalten. Sie stehen außerdem mit sämtlichen Entscheidungen und Aufgaben der Betreuung oder Begleitung alleine da. In diesem Fall sollte ein ausführliches Gespräch mit der Pflegekasse erfolgen, welche Hilfestellungen von dieser finanziert werden. Vielleicht ist jedoch auch außerhalb dieses finanziellen Rahmens die Unterstützung durch eine Person möglich, die in der Nachbarschaft wohnt und auf Minijobbasis eingestellt werden kann. So wäre für das Kochen, die Wäsche und die Erledigung des Haushaltes gesorgt. Dies kann eine erhebliche Entlastung und Erleichterung für alle Beteiligten bedeuten.

Es gibt allerdings durchaus Einzelfälle, in denen alte Menschen in einem Seniorenheim besser aufgehoben sind, als alleine in ihrem Zuhause, z.B. bei Senioren mit Demenz, wenn das Alleinleben sogar gefährlich werden kann. Ein Elternteil mit Demenz bei sich daheim aufzunehmen, ist ebenfalls nicht so einfach und kann ein Familienleben stark belasten. Hier sollte man seine eigenen Fähigkeiten und Nerven nicht über-, aber auch nicht unterschätzen. In vielen Seniorenheimen gibt es Demenzabteilungen mit gut ausgebildetem Fachpersonal. Das kann eine sehr gute Alternative sein. Tägliche Besuche und Ausflüge sind dann ja trotzdem möglich, aber der Alltag kann für den alten Menschen in der Fachabteilung durchaus abwechslungsreich sein und seine Pflege ist ebenfalls gewährleistet. Doch heutzutage würde ich auch dies erst einmal vor Ort überprüfen.

2. Die fachliche Vorbereitung

Da uns schnell klar war, dass wir selbst die Pflege unserer Mutter daheim übernehmen würden, konnte ich bereits auf der geriatrischen Station im Krankenhaus 3 x dabeibleiben, wenn eine Inkontinenzpflege durchgeführt wurde. Ich hätte an dieser Stelle gerne „wenn das Wechseln ihrer Windelhose oder des Inkontinenz-Slips durchgeführt wurde" geschrieben, doch diese bequemen und sicheren Hygieneartikel wurden aus Kostengründen und zum Leid der Krankenpfleger nicht benutzt. Stattdessen trug meine Mutter ein Netzhöschen mit Inkontinenzeinlage, welches bei Stuhlgang natürlich keinen guten Schutz bot. Folglich gelangten Darmkeime in den Urogenitaltrakt, eine Blasenentzündung und das Verabreichen eines

Antibiotikums folgten. Dieses führte zu einer Pilzerkrankung im Mund meiner Mutter, die daraufhin nicht mehr essen konnte und intravenös ernährt wurde. Alles war einzig und allein eine Katastrophe, die uns allerdings hochgradig dazu motivierte, die Pflege selbst zu übernehmen.

Ca. eine Woche vor der Entlassung meiner Mutter nach Hause stand ein Termin mit dem Sozialdienst des Krankenhauses an. Mit der sehr netten Dame besprach ich unsere Pläne und dementsprechend wurden die ersten Rezepte für Pflegehilfsmittel vorbereitet. Außerdem bekam ich durch eine andere Sozialarbeiterin kurze Zeit später eine Pflegeeinweisung direkt am Beispiel und im Umgang mit meiner Mutter. Hier wurden mir die wichtigsten Handgriffe gezeigt, was die Lagerung und das Wechseln von Bettunterlagen anging. Außerdem wurden mir Flyer und Infoblätter überreicht, aus denen das Know-how rund um das Thema „Pflegegeld" hervorging. Natürlich konnte in dieser einstündigen Einweisung nicht alles Wichtige gezeigt werden. Dafür werden regelmäßig kostenlose Pflege-Seminare angeboten. Termine und Infos hängen in den Krankenhäusern aus oder können beim Sozialdienst erfragt werden. Auch im Internet findest du unzählige Kurzfilme mit wichtigen Handgriffen und Anleitungen.

Ein Segen ist es natürlich auch, wenn Erfahrene in deinem Umfeld dazu bereit sind, ihr Wissen mit dir zu teilen. Vielleicht trefft ihr euch für ein Privatseminar mit Pflegeeinweisung, bestimmt interessieren sich auch Freunde und Bekannte von dir dafür und ihr könnt einen lehrreichen Tag miteinander verbringen. Wir hatten das Glück, dass uns zwei Krankenschwestern aus Familien- und Freundeskreis beratend zur Seite standen und eine Freundin von mir Altenpflegerin ist. Außerdem arbeitete meine Schwester seinerzeit nebenberuflich als Haushaltshilfe bei einem professionellen Dienstleister. Durch diese Tätigkeit kam sie direkt mit Menschen in Kontakt, die einen Angehörigen pflegten und konnte aus erster Hand wichtige Erfahrungswerte für die Pflege unserer Mutter mitnehmen.

3. Die finanzielle Vorbereitung

Antrag auf Höherstufung der Pflegestufe: Informiere dich bitte gründlich über sämtliche Beratungen und Zahlungen der Pflegekassen, die euch zustehen. Die Pflegestufe muss angepasst und der Antrag auf Höherstufung am besten bereits vor der Entlassung aus dem Krankenhaus ausgefüllt und abgeschickt werden. Ein Anruf bei der Pflegekasse genügt und euer Sachbearbeiter stellt euch die Antragsformulare per Post zu. Es kann einige Wochen dauern, bis der durch die Pflegekasse beauftragte Medizinische Dienst für eine Begutachtung vorbeikommt. In unserem Fall hat es ein riesiges Chaos gegeben aufgrund einer mangelhaften Kommunikation zwischen Pflegekasse und Medizinischem Dienst, der dann einfach eine „Begutachtung nach Aktenlage" durchführte und meine Mutter auf Pflegestufe 3 höherstufte, ohne sie gesehen zu haben und ohne den Unfall und den aktuellen Zustand der Bettlägerigkeit berücksichtigt zu haben. Es folgte ein langer Weg der Widersprüche und Entschuldigungen, der erst im Februar 2024 seinen Abschluss fand. Ich möchte jedoch ausdrücklich betonen, dass dies sicher nicht der Normalfall ist, sondern eher eine Ausnahme war, die vielleicht einem übermäßigen Arbeitsaufkommen geschuldet war. Was ich jedoch ausdrücklich sagen möchte: Stehe für deine Rechte ein und schöpfe alles an Unterstützung jeglicher Art aus, was möglich ist! **Kontaktiere dafür die Pflegekasse und nimm dir die Zeit für ein ausführliches Pflegeberatungs-Gespräch.** Hier erfährst du alles, was du wissen musst und aus welchen Töpfen geschöpft werden kann. Bei Rentnern mit geringem Einkommen werden z.B. auch Leistungen vom Sozialamt übernommen. All das erfährst du während dieser Beratung.

Rentenpunkte: Wenn die Pflegetätigkeit einen längeren Zeitraum in Anspruch nimmt, lohnt es sich auf jeden Fall auch, dass die Hauptpflegeperson Rentenpunkte sammelt. Den entsprechenden Antrag erhältst du ebenfalls von der Pflegekasse.

Verhinderungspflege: Des Weiteren steht dem Versicherten von seiner Pflegekasse die Zahlung von Verhinderungspflegegeld für 42 Tage pro Kalenderjahr zu, wenn die Hauptpflegeperson urlaubs- oder krankheitshalber ausfällt und durch jemand anderen ersetzt werden muss. Mit dem Verhinderungspflegegeld kann eine fremde Pflegeperson, eine Freundin oder Verwandte bezahlt werden, die die Pflege übernimmt, wenn du verhindert bist. Die Tatsache, dass die Pflegekasse dem Pflegebedürftigen für eine fremde Pflegeperson wesentlich mehr Geld zur Verfügung stellt, als bei einer Verwandten, zeigt wieder einmal deutlich, dass eine häusliche, liebevolle Pflege innerhalb der Familie nicht den Vorstellungen dieses Systems entspricht und starke familiäre Wurzeln anscheinend nicht erwünscht sind. Eine andere Erklärung habe ich nicht, wenn einer Enkelin für die Pflege der Großmutter nur etwas mehr als 400 Euro für mehrere Wochen Arbeit zustehen, während die Verhinderungspflegetätigkeit einer fremden Person mit mehreren tausend Euro an den Versicherten vergütet wird. Informiere dich genauestens über diese Leistung. Die Verhinderungspflege kann innerhalb von 4 Jahren rückwirkend beantragt werden.

Kurzzeitpflegegeld: Wenn eine Kurzzeitpflege nicht in Anspruch genommen wird, kann bei der Pflegekasse die Erstattung des Kurzzeitpflegegeldes beantragt werden.

Pauschalen beantragen: Pflegehilfsmittel sind kostspielig. Mit dem 40-Euro-Paket, das jedem ab Pflegestufe 1 zusteht, werden bereits einige Hilfsmittel, wie z.B. Einmalhandschuhe zur Verfügung gestellt. Hier stellt der Hausarzt ein Rezept aus und du besprichst mit der Apotheke deines Vertrauens, welche Produkte er für einen Gesamtwert in Höhe von 40 Euro zusammenstellen soll. Dieses Paket wird dann monatlich zugeschickt oder kann in der Apotheke abgeholt werden. Die Produkte können je nach Bedarf auch ausgetauscht werden. In der Inkontinenzpauschale sind aufsaugende oder ableitende Inkontinenz-Hilfsmittel enthalten. Entscheidet man sich für bequeme, hochwertige Windelhosen, muss man für diese Zuzahlungen leisten. Gute Körperpflegeprodukte müssen jedoch im Normalfall selbst finanziert werden, ebenso all die wertvollen Dinge, die das Leben im Pflegealltag schöner machen, wie ätherische Öle, Basensalz, Körperlotion, Massageöl oder Schmerzgel.

Sonderurlaub und Freistellung: Wenn du in einem Angestelltenverhältnis bist, stehen dir 10 Tage bezahlter Sonderurlaub zu. Für eine akute Pflegesituation eines nahen Angehörigen stehen arbeitenden Angehörigen 10 Tage bezahlter Sonderurlaub (Pflegeunterstützungsgeld) zu. Für die kurzfristige Auszeit kommt nicht der Arbeitgeber auf, sondern die gesetzliche Pflegeversicherung des Angehörigen. Diese zahlt 90 Prozent des ausbleibenden Nettoeinkommens. Vor 2015 war die zehntägige Pflegezeit unbezahlt. Wer bei einem Arbeitgeber mit mehr als 15 Beschäftigten angestellt ist, kann sich gem. §3 PflegeZG bis zu sechs Monate unbezahlt, aber sozialversichert für die Pflege freistellen lassen. Voraussetzung dafür ist, dass es sich bei der pflegebedürftigen Person um einen nahen Angehörigen handelt.

Du bist verbeamtet? Auf Grundlage des § 92a Bundesbeamtengesetz ermöglicht die Familienpflegezeit Beamtinnen und Beamten, die nahe

Angehörige zu Hause pflegen, Pflege und Beruf besser zu vereinbaren. Du kannst deine Arbeitszeit über einen Zeitraum von maximal zwei Jahren auf bis zu 15 Stunden reduzieren. Im Internet findest du ein ausführliches Merkblatt bzgl. der Einzelheiten: 151120_merkblatt_familienpflegezeit_fuer_beamte.pdf (sbb.de)

Auf der Seite www.pflege.de gibt es gute Tipps! Und auch der Sachbearbeiter der Pflegekasse steht dir für sämtliche Rückfragen zur Verfügung.

Auch, wenn du den nötigen finanziellen Background hast, um einige Wochen oder Monate Freistellung durch deinen Arbeitgeber zu überbrücken, so sollte doch ein Energieausgleich stattfinden. Die Pflege ist durchaus körperlich anstrengend, vielleicht ist zwischendurch eine Massage oder ein Besuch beim Körpertherapeuten ratsam. Die Kosten für Kost und Logie, für sämtliche Zuzahlungen, die zu leisten sind, und für alle Produkte, die die Pflege angenehmer und die restliche Lebenszeit qualitativ verbessern, summieren sich. Es sollten daher wirklich sämtliche Zuschüsse und Zahlungen ausgeschöpft werden. Da ich selbständig bin und über ein passives Einkommen verfüge, kam ich, was meine berufliche Tätigkeit angeht, während der Pflegesituation mit meiner Mutter in keinen Zwiespalt oder Konflikt mit Arbeitgebern. Wäre ich zu dem Zeitpunkt in Vollzeit angestellt gewesen, hätte ich vermutlich einen Antrag auf Teilzeitarbeit gestellt und mit meiner Schwester die Arbeitszeiten so gelegt, dass wir die Betreuung unserer Mutter dennoch hätten leisten können. Die Palliativ-Pflege eines Angehörigen ist ein Liebesdienst, den dir niemand gerecht entlohnen wird. Ähnlich wie beim Schreiben eines Buches wirst du für die investierten Stunden keinen fairen Lohn erhalten. Du wirst sogar feststellen, dass die Pflegekasse wesentlich mehr Geld zahlt, wenn dein Angehöriger in einem Pflegeheim von Fremden versorgt werden würde. So ist unser kapitalistisches System derzeit noch aufgebaut, der Rubel muss rollen. Du darfst bewusst die Entscheidung treffen, die Pflege aus Liebe zu übernehmen und aus diesem menschenverachtenden System auszusteigen. Und auch das ist eine großartige Erfahrung, stärkt den Charakter und ist der erste Grundstein auf dem Weg in eine *Neue Welt*.

Deine Entscheidung, einen geliebten Menschen auf seinem letzten Weg in vollem Umfang zu begleiten, sollte niemals an der Kostenfrage scheitern! Wenn du diese Entscheidung aus dem Herzen getroffen hast, werden sich sämtliche Türen für dich öffnen, sei dir dessen gewiss!

4. Die häusliche Vorbereitung

Bevor der Angehörige nach Hause entlassen wird, sollten bestimmte Hilfsmittel und Möbel vorhanden und einige Vorkehrungen getroffen sein: Pflegehilfsmittel, Medikamente und Möbel:

Möbel:

> Pflegebett
> Beistelltisch
> Rollstuhl (nur, wenn das Verlassen des Bettes noch möglich ist)
> Duschstuhl (nur, wenn das Verlassen des Bettes noch möglich ist)
> Sitzmöglichkeiten für Besuch, bequeme Sessel für die Menschen, die viele Stunden am Bett sitzend verbringen
> Mülleimer ohne Deckel (wichtig!), ca. 50 l + Mülltüten
> Wäscheeimer für benutzte Handtücher, Waschlappen und sonstige Wäsche

Textilien:

> 2 Waschlappen und 2 Gästehandtücher mit Aufhängungsmöglichkeit
> Kissen, Rollen sowie dünne und dickere Decken zum Lagern und zum Zudecken
> Bettwäsche und Spannbettlaken zum Wechseln in den Lieblingsfarben
> Nachthemden, bei Bedarf Flügelhemden und Schlafanzüge (bei Blasen-Katheter und Beinverletzungen sind Hosen hinderlich)
> Stecklaken, die schnell ausgetauscht werden können, ohne dass man die Bettmatratze sofort neu beziehen muss

> Schutzlaken aus Gummi oder einem ähnlich wasserdichten Material, was schützend zwischen Matratze und Bettlaken gelegt wird

Pflegehilfsmittel für den einmaligen Gebrauch:

> Windelhosen – sollten rechtzeitig bei einem Lieferanten bestellt werden. Wenn die passende Größe noch nicht bekannt ist, werden Probepakete geliefert.
> Einmal-Bettunterlagen
> Einmal-Waschlappen
> Einmal-Handschuhe
> Kosmetiktücher
> Tupfer oder Wattepads für die Zeit, in der keine Flüssigkeitsaufnahme mehr stattfindet und die Lippen befeuchtet werden müssen
> Steckbecken (sog. Bettpfanne aus Kunststoff) falls nötig. Wird für keinen weiteren Patienten mehr benutzt.

Sonstiges Zubehör für die Pflege und das Wohlbefinden:

> Zwei Waschschüsseln (Emaille oder Kunststoff)
> Haarwaschbecken aufblasbar
> Schnabeltasse oder Trinkhalme mit verbiegbaren Hälsen
> Schale für evtl. Erbrechen
> Palliativcreme®, Schmerzöl, Entspannungs-Gel, Handmassage-Öl, Körperlotionen und kühlende Körpergele, Seife oder Waschlotionen
> MeineBase® von P. Jentschura oder Vergleichbares
> Diverse ätherische Öle + Diffusor
> Kleine Keramikschälchen, um frische Öle-Kompositionen zu mischen
> Falls keine ätherischen Öle benutzt werden, anderweitige natürliche Reinigungsmittel für sämtliche Möbel
> Laptop, um die passende Musik abzuspielen und Wunsch-Filme oder Naturdokus zu schauen
> Offene Kisten, jeweils für schulmedizinische Medikamente, für naturheilkundliche Medikamente, für ätherische Öle und Massage- bzw. Schmerzöle und für Dinge, die nur ab und zu gebraucht

werden, wie z.B. Manuka-Honig, D-Mannose-Kapseln und diverse
Tee-Sorten
➤ Kosmetikprodukte wie Deodorant, Lippenstift und Spiegel
➤ Rasierapparat

Medikamente und sonstige Medizinprodukte:

➤ Schulmedizinische Medikamente aus dem Therapieplan des Ange-
hörigen, sofern diese noch eingenommen werden möchten
➤ Verschreibungspflichtige Schmerz- und Schlafmittel
➤ Naturheilkundliche Schmerzmittel wie CBD-Produkte ohne oder bei
Bedarf mit THC, auf Wunsch sonstige Essenzen oder Homöopathie
➤ Je nach Krankheitsbild sind spezielle Medizin-Produkte wie Sauer-
stoffgeräte oder Stoma-Hilfsmittel nötig
➤ Wärmflasche oder Kühlkissen bei Bedarf
➤ Tees, Honig und sämtliche Nahrungsergänzungen, die zur Linde-
rung von Entzündungen und Schmerzen konsumiert werden könn-
ten

Alles sollte an seinem optimalen Platz stehen. Nachfolgend meine Anregungen, was sich in unserem Fall bewährt hat:

Das Pflegebett sollte auf jeden Fall so stehen, dass von beiden Seiten am
Patienten gearbeitet werden kann, also nicht längsseitig an eine Wand geschoben werden. Vielleicht möchte der Patient auch einen schönen Fens-
terausblick genießen, wenn er dementsprechend einsam wohnt.

Der Beistelltisch sollte sich direkt neben dem Bett befinden, er kann immer
nach Bedarf in der Höhe verstellt und an die Seite geschoben werden. Er
sollte lediglich für die Ablage von Speisen und Getränken sowie wichtigen
Dingen dienen, die der Bettlägerige benötigt. Dazu gehören Taschentücher, Lippenpflegestift, Brille etc.

Roll- und Duschstuhl können in einem Nebenzimmer gelagert werden, weil
man sie nicht ständig braucht.

Sämtliche Pflegehilfsmittel, die mehrmals täglich benutzt werden sollten in
einem offenen Regal unweit des Pflegebettes liegen, so dass sie mit einem

Handgriff genommen und für die Pflege benutzt bzw. auf dem Bett platziert werden können.

Waschlappen und Gästehandtücher werden an separaten Haken aufgehängt, aus denen hervorgeht, welche für den Intimbereich und welche für den restlichen Körper zu benutzen sind. Sie dürfen ruhig täglich ausgetauscht und sollten im Kochwaschgang gewaschen werden.

Waschschüsseln und Steckbecken werden nach jeder Benutzung gereinigt und mit natürlichen Mitteln desinfiziert. Sofern genug Platz im Badezimmer vorhanden ist, sollten sie dort aufbewahrt werden. Ansonsten unten im Regal im Pflegezimmer oder in einem anderen Zimmer.

Die Müllbeutel sollten nach jeder Körperpflege gut verschlossen und entsorgt werden. So entstehen keine üblen Gerüche. Die Beutel brauchen daher nicht riesig zu sein, je nachdem, welche Hygienehilfsmittel verwendet werden.

Der Mülleimer muss nicht besonders groß sein und sollte keinen Deckel haben, da dieser während der Pflegeaktionen durchaus stören kann und der Beutel nach dem Pflegevorgang direkt gegen einen frischen ausgetauscht wird.

Das Zimmer sollte hübsch gestaltet und mit den Lieblingspflanzen oder -blumen in Sichtweite geschmückt werden. Schöne Fotos von Angehörigen wie den Enkelkindern oder auch den eigenen Eltern sollten nach Rücksprache für den Bettlägerigen gut sichtbar hingestellt werden. Magazine, Taschentücher und alles, was er sich wünscht, sollten in seiner Nähe liegen. Es kann vorkommen, dass manche Zimmereinrichtung mit den unzähligen Hilfsprodukten und den Dekorationsartikels auf den Bettlägerigen zu unruhig oder chaotisch wirkt. Daher bitte für alles, was an Speisen, Getränken, Düften, Musik und Dekoration angeboten wird, das Einverständnis einholen und 100%ig auf seine Wünsche eingehen.

Wenn du Mani- und Pediküre nicht selbst leisten möchtest oder kannst, lasse eine mobil arbeitende medizinische Fußpflegerin ins Haus kommen. Leidet der Bettlägerige an Diabetes, sollte es auf jeden Fall eine Fachfrau sein.

> **Wichtig:**
> Manchmal geht im Leben alles sehr schnell und es kann sein, dass ein Pflegezimmer noch nicht komplett mit allem ausgestattet ist, wenn der Angehörige nach Hause entlassen wird. Bleibe ruhig und erledige in Ruhe alle Dinge, die getan und organisiert werden müssen. Bitte um Hilfe, wenn du es alleine nicht schaffst und scheue dich nicht davor, deinen Arzt um eine Krankschreibung zu bitten, bevor du überfordert bist.

Umbau des Badezimmers: Der Umbau des Badezimmers ist ebenfalls sehr sinnvoll. Ich würde dir empfehlen, mit deinen Eltern darüber zu reden, bereits zu gegebener Zeit einen Umbau des Badezimmers anzustreben, denn eine ebenerdige Dusche ist nicht erst im Falle einer Pflegesituation von Vorteil, sondern erleichtert jedem älteren Menschen die eigenständige und gefahrlose Körperpflege. Gerade die Senioren haben oft Angst vor Renovierungen, dem damit verbundenen Dreck und Unterbrechungen in der Tagesstruktur. Hier möchte ich dir die Firma BadTec (www.badtec.eu) empfehlen, die in dem wirklich kleinen Badezimmer meiner Eltern innerhalb von nur einem Tag die Badewanne entfernt und eine rutschfeste, wunderschöne Duschmöglichkeit installiert hat. Es ist kein Dreck entstanden und die Dusche konnte bereits am nächsten Tag benutzt werden. Die Firma BadTec hat sich auf diese Umbauten spezialisiert und findet vor Ort eine individuelle Lösung, wo sonstige Firmen vielleicht überfordert sind oder ihnen einfach die Erfahrung fehlt. Im Internet finden sich noch weitere Fachfirmen im gesamten Bundesgebiet. Ein Badezimmerumbau wird in der Regel mit bis zu 4000 Euro pro Person mit Pflegegrad (Stand 2024/25) von der Pflegekasse bezuschusst. Der Ablauf ist wie folgt:

> ➢ Eine Firma deiner Wahl wird mit der Begutachtung beauftragt.
> ➢ Diese Firma erstellt einen Kostenvoranschlag.
> ➢ Anruf bei der Pflegekasse mit der Bitte um Übersendung eines Antrags für die Bezuschussung eines Badezimmerumbaus
> ➢ Der ausgefüllte Antrag wird zusammen mit dem Kostenvoranschlag an die Pflegekasse geschickt und dann auf die Genehmigung gewartet.
> ➢ Die Firma tätigt den Umbau und rechnet direkt mit der Pflegekasse ab.

Mit dem Zuschuss für meine Eltern konnten wir den kompletten Umbau finanzieren und mussten nichts dazubezahlen.

Gästezimmer für den Pflegenden: Den Pflegenden, die nicht jeden Abend nach Hause gehen können, sollte eine bequeme Übernachtungsmöglichkeit in einem separaten Raum zur Verfügung stehen. Das muss nicht unbedingt ein Zimmer sein, welches normalerweise als Gästezimmer gedacht war, es sollte jedoch ein sicherer Rückzugsort mit einer Schlafmöglichkeit sein. Hier sollte der Pflegende zur Ruhe kommen können, z.B. während einer Mittagspause und natürlich auch abends, nachdem der Bettlägerige eingeschlafen ist und das Babyphone eingeschaltet wurde.

ZUSTÄNDIGKEITEN UND KONTAKTAUFNAHME

Meist geht der Pflegesituation ein Krankenhausaufenthalt voraus. Hier ist das Gespräch mit dem Sozialdienst eine große Hilfe bei der Beschaffung der Pflegehilfsmittel. Dieser entscheidet und bespricht anhand des Gesundheitszustandes, was alles nötig ist, um den Patienten optimal zu versorgen. Die meisten Verordnungen werden dort bereits ausgestellt und dem von dir gewählten Sanitätshaus übermittelt. Der Hausarzt des Patienten ist für die Ausstellung folgender Rezepte und Dienstleistungen zuständig:

> * Toiletten-Duschstuhl: Dies ist eine Kombination aus einem schmalen Toilettenstuhl, der auch in eine ebenerdige Dusche geschoben werden kann
> * Dekubitus-Matratze, falls nötig (zur Grundausstattung eines Pflegebettes gehört normalerweise erst einmal eine einfache Matratze)
> * Schmerzmittel, die stärker sind als freiverkäufliche Schmerzmittel
> * Schlaftabletten (können sehr wichtig sein)
> * Registrierung im Palliativ-Netzwerk
> * Wird aufgrund der Schwere der Hautproblematik ein Übermaß an Wundversorgung benötigt, kann diese ärztlich verschrieben werden
> * Bei stark erhöhtem Müllaufkommen aufgrund von benutzten Pflegehilfsmitteln kann mit einem Attest vorübergehend eine größere Restmüll-Tonne bei der Stadt geordert werden

Damit all das reibungslos abläuft, ist es sinnvoll, dem Arzt einen Besuch abzustatten und den Krankenbericht vorzulegen, falls dieser nicht ohnehin bereits vom Krankenhaus übermittelt wurde. Entweder wird dann ein Hausbesuch abgestattet oder aber die notwendigen Dinge und Medikamente werden nach Aktenlage verordnet. Wenn nötig, regelmäßig und ohne erneuten Besuch, das liegt im Ermessen des Arztes. Die Rezepte werden dann entweder in der Apotheke oder beim Sanitätshaus abgegeben. Die Registrierung im Palliativ-Netzwerk ist sehr wichtig, da man hier zu jeder Uhrzeit Ansprechpartner findet, die auch Hausbesuche machen. Wenn ein Angehöriger unter starken Schmerzen leidet, weil er beispielsweise Krebs im Endstadium hat, wird man von Palliativ-Ärzten mit starken Schmerzmitteln wie z.B. Morphiumzäpfchen oder -pflaster versorgt. In solchen, was die Pflege und die Palliativbegleitung angeht, sicher komplizierteren Fällen, stehen die Palliativärzte für Hausbesuche bei Bedarf auch öfter zur Verfügung und stehen den Angehörigen mit Rat und Tat zur Seite. Auch wenn der Angehörige verstorben ist, sollte unbedingt die Notruf-Nummer des Palliativ-Netzwerkes zu jeder Tag- und Nachtzeit angerufen werden, um einen Arzt für das Ausstellen des Totenscheines ins Haus zu bitten. Dies erfolgt dann in der Regel innerhalb der nächsten Stunden. Wenn stattdessen der Rettungsdienst angerufen wird, erscheint ebenfalls routinemäßig die Polizei und im schlimmsten Fall wird der Verstorbene umgehend zur Obduktion mitgenommen, da niemand seine Krankengeschichte kannte und einen natürlichen Tod daher nicht bestätigen kann. Solche für alle Beteiligten traumatisierenden Praktiken passieren täglich und könnten verhindert werden, indem man sich rechtzeitig über diese wichtigen Dinge informiert.

> Blasenkatheter-Sets

müssen von einer urologischen Praxis verschrieben werden. Dieser reicht eine Kopie des Krankenhaus-Abschlussberichtes und die Vorlage der Krankenkassenkarte für die Abrechnung völlig aus. Dieses Rezept wird dann bei einem Dienstleister für derartige Medizinprodukte (z.B. Coloplast) eingereicht, der das Set per Post zustellt. Bei einer längeren Pflegesituation wird regelmäßig, fast jeden Monat ein neues Katheter-Set benötigt. In diesem Fall gibt es die Möglichkeit, dass sich die Firma direkt um das Rezept der urologischen Praxis kümmert und die Lieferung turnusmäßig erfolgt, ohne dass die Pflegenden tätig werden müssen.

Übersicht der Institutionen, mit denen du in Kontakt treten musst, wenn du dich für die Palliativ-Pflege eines Angehörigen entschieden hast:

1. **Krankenhausarzt**, um gegebenenfalls vor der Entlassung ein Abschlussgespräch zu führen.
2. **Sozialdienst** des Krankenhauses, um zu besprechen, welche Rezepte für welche Pflegehilfsmittel (z.B. Pflegebett) dort bereits ausgestellt und an das Sanitätshaus des Vertrauens übersendet werden können. Beim Sozialdienst können auch Pflegekurse gebucht werden oder eine Einweisung in die wichtigsten Pflege-Handgriffe angefragt werden.
3. **Hausarzt**, um den Abschlussbericht des Krankenhauses zu übermitteln bzw. dort abzugeben und mit ihm die Situation zu besprechen, damit er die nötigen Medikamente wie z.B. Schmerz- oder

Schlafmittel verschreibt und für Medizinprodukte wie Dekubitus-matratze, Rollstuhl oder Duschstuhl die entsprechenden Rezepte ausstellt. Der Hausarzt ist auch für die Registrierung im Palliativ-Netzwerk zuständig.

4. **Fachärzte** z.B. im Falle von Blasenkatheter-Sets der Urologe, um auch dorthin den Abschlussbericht des Krankenhauses zu übermitteln, damit für diese fachärztlichen Medizinprodukte Rezepte ausgestellt werden.

5. **Pflegekasse**, um bereits während des Krankenhausaufenthaltes eine Höherstufung des Pflegegrades zu beantragen, ein ausführliches Pflege-Beratungsgespräch zu führen.

6. **Sozialamt**, um im Falle von geringen Einkünften zusätzliche finanzielle Mittel auszuschöpfen. Hierzu ist das Beratungsgespräch mit der Pflegekasse sehr hilfreich!

7. **Sanitätshaus** des Vertrauens, um dort die vom Hausarzt ausgestellten Rezepte abzugeben, damit diese vom Sanitätshaus der Pflegekasse vorgelegt und genehmigt werden können, um schnellstmöglich ausgeliefert zu werden.

8. **Pflegedienstleister**, um bei Bedarf eine Unterstützung bei der Pflege oder bei dem Wechseln des Blasenkatheters zu buchen. Des Weiteren, um eine Haushaltshilfe zu beantragen, die jedem ab Pflegestufe 1 zustehen.

9. **Palliativnetzwerk**, um mit einem Mitarbeiter vorab die Krankengeschichte, den aktuellen Gesundheitszustand und sämtliche Fragen bezüglich deines Angehörigen zu besprechen. So sind keine weiteren Erklärungen gegenüber den Palliativärzten nötig, wenn zum Ende der Sterbebegleitung stärkere Schmerzmittel wie Morphium nötig sind oder du eine ärztliche Begutachtung benötigst, die der Hausarzt z.B. aus zeitlichen Gründen nicht leisten kann. Und natürlich kommt ein Arzt aus dem Palliativnetzwerk, um offiziell den Tod deines Angehörigen festzustellen und den Totenschein auszufüllen.

10. **Hospiz** oder **Hospiz-Dienst** ist nur nötig, wenn du dir die Sterbebegleitung daheim nicht zutraust oder sie nicht möglich ist. Oder wenn du Kontakt zu Menschen benötigst, die ehrenamtlich in der Sterbebegleitung tätig sind und dich unterstützen oder ersetzen, falls dies aus unterschiedlichen Gründen einmal nötig sein sollte.

Und neben all diesen Institutionen kann es sehr wichtig sein, andere Familienmitglieder, Freunde, Bekannte und Nachbarn mit ins Boot zu holen. Insbesondere dann, wenn kein zweites Elternteil mehr lebt, das mithelfen könnte. Oder wenn der zweite Elternteil Demenz hat und daher keine Hilfe, sondern eher eine zusätzliche Belastung darstellt. Oder du keine Geschwister hast, die mithelfen könnten. Ein starkes soziales Netz kann bei jeder herausfordernden Lebensphase helfen, auch bei der Sterbebegleitung. Und wenn einfach nur ein paar Einkäufe getätigt werden oder ein Topf mit Mittagessen vor die Tür gestellt wird oder der Nachbar mit einem Kuchen zum Kaffeeklatsch vorbeikommt. Die Liste mit Taten der Nächstenliebe, die dich als Hauptpflegeperson stark entlasten können, ist unendlich. Scheue dich nicht, um Hilfe zu bitten und du wirst feststellen, dass der Mensch im Grunde gut ist und sehr gerne helfend zur Seite steht.

AROMATHERAPIE

Der umfangreiche Einsatz von ätherischen Ölen auf allen Ebenen

Wenn ich eines jedem, der einen bettlägerigen Pflegebedürftigen daheim betreut, ganz besonders ans Herz legen möchte, dann ist es das Thema **AROMATHERAPIE**. Der vielfältige Einsatz der ätherischen Öle hat uns so unfassbar gute Dienste geleistet, von denen ich gerne erzählen möchte: Für ein gutes Raumklima lief der Kaltvernebler (Ultraschallvernebler, Diffuser) den ganzen Tag hindurch. Nur nachts stellte ich ihn zurück an das Bett meines Vaters, dem das zweistündige Vernebeln von beruhigendem Lavendel jeden Abend die COPD massiv erleichtert und ihn ruhig schlafen lässt. Das Vernebeln von ätherischen Ölen mit einem Kaltvernebler hat insbesondere während der Heizperiode einen vielfältigen Nutzen:

> ➤ Er befeuchtet die trockene Luft.
> ➤ Der Duft der ätherischen Öle löst bestimmte, gute Gefühle aus.
> ➤ Die Wirkstoffe der ätherischen Öle desinfizieren die Luft.
> ➤ Die Wirkstoffe der ätherischen Öle gelangen über das Einatmen ins Blut und entfalten dort ihre Wirkung, z.B. Entzündungshemmung oder Beruhigung.

Bei der Wahl des ätherischen Öls verließ ich mich auf meine Intuition und natürlich auf die Vorlieben meiner Mutter. Meist vernebelten wir jedoch auf ihren Wunsch bzw. mit ihrer Zustimmung Zitrusöle wie Bergamotte, Mandarine, Grapefruit, Zitrone und Orange. Diese wirken allesamt stimmungsaufhellend und sorgten für ein frisches, wohliges und auch keimfreies Raumklima. Die Orange deckelt unangenehme Gerüche und die Bergamotte leistet auch bei Ängsten gute Dienste. Die Grapefruit ist das perfekte Gute-Laune-Öl und stärkt außerdem die Funktion der Leber. Hin und wieder gab es auch eine noch frischere Note wie Pfefferminze oder Eukalyptus. Oder aber es waren ganz besondere Herznoten angesagt. Wir haben auch mit fertigen, hochwirksamen Mischungen gearbeitet. Mal vernebelten wir eine Mischung für „Freude", dann hatte ich das Gefühl, die Mischung für das „Loslassen" wäre angebracht. Einige Bestandteile dieser Mischungen habe ich im Anhang aufgelistet. Wichtig ist bei der Aromatherapie, dass niemals ein Zuviel eingesetzt wird. Der Bettlägerige bzw. Sterbende muss jeden Duft als sehr angenehm empfinden. Daher bitte immer erst ganz vorsichtig dosieren und im Winter einkalkulieren, dass die Fenster die meiste Zeit des

Tages geschlossen sind. Auch ätherisches Weihrauchöl kam zum Einsatz und abends gaben wir gerne Lavendel in den Diffusor, um eine entspannende Atmosphäre zu schaffen. Wenn meine Mutter unruhig war, gaben wir mit ihrem Einverständnis eine Mischung aus Lavendel, Baldrian und Ruta unter die Fußsohlen. Der Baldrian beruhigt die Nerven und sorgt für einen ruhigen Schlaf, obwohl er nicht wirklich gut riecht. Jeder Duft muss vor dem Einsatz von dem Pflegebedürftigen abgesegnet werden. Selbst ein auf allen Ebenen heilsames Rosenöl kann nur positiv wirken, wenn man den Duft als angenehm empfindet. Und auch wenn man aus therapeutischer Sicht die Abneigung gegenüber manchen Düften als Ansatz nehmen könnte, tiefer in bestimmte Themen einzutauchen und diese zu bearbeiten, so ist das Lebensende garantiert nicht mehr der richtige Zeitpunkt dafür. Hier geht es nur noch um Wohlbefinden, Frieden und Dufterlebnisse, die ans Paradies erinnern. In einer ruhigen, entspannten Minute massierte ich die Hände meiner Mutter mit einer schönen Mischung aus Mandelöl und harmonisierenden ätherischen Ölen wie Vanille, Ylang Ylang, Rosengeranie und Limette.

Durch die Bettlägerigkeit und die frisch operierte Wunde am Bein verspürte meine Mutter natürlich trotz der starken Schmerzmittel hier und dort Schmerzen oder Verspannungen. Je mehr sie an Körpergewicht verlor, desto schneller schmerzten die Knochen und Gelenke, wenn sie auf einer Körperseite lag. Wir mussten sie in den letzten Wochen ihres Erdendaseins alle zwei bis drei Stunden umlagern. Wenn es an bestimmten Körperstellen schmerzte, gab es im Wechsel Massagen oder Einreibungen mit dem *Wondergel®* der Firma *Lifeplus* oder dem selbst zusammengestellten Schmerzöl. Um eine erneute Blasenentzündung zu vermeiden, nahmen wir für die Intimpflege Einmal-Waschlappen und stark antimykotisch wirkende ätherische Öle wie Teebaum und Manuka. Dazu gaben wir in die Schüssel für „Unten" einen Liter handwarmes Wasser ca. 1 gestr. TL MeineBase® und 1 Tropfen ätherisches Öl. Die Schüssel wurde anschließend ausgespült und desinfiziert.

Gemäß der Einweisung unserer Freundin und Krankenschwester wuschen wir den Rest des Körpers immer fachgerecht von oben nach unten: Gesicht, Hals, Dekolleté, Brust, Bauch, Arme, Hände, Beine und zum Schluss die Füße. Dazu benutzten wir in der „Oben"-Schüssel ebenfalls nur die selbst hergestellte Lauge, die einen pH-Wert wie Fruchtwasser hat und absolut hautpflegend ist, aber gleichzeitig Gift für Pilzsporen. Manchmal wählte ich auch hierfür einen Tropfen ätherisches Öl, das besonders hautpflegend ist, wie z.B. Lavendel, Weihrauch oder Copaiba.

Wenn meine Mutter etwas traurig wirkte, gab ich auch einen Tropfen Orange hinzu. Und niemals verloren wir Pflegenden unseren Humor. Stattdessen versprühten wir ein leicht beschwingtes Lebensgefühl und viel gute Laune, bei dem wir unsere Mutter mit einbezogen, so dass auch sie fast immer lachen musste und gerne auch einen ihrer lockeren Sprüche zum Besten gab. Als eines Morgens mein Vater ins Zimmer schlich und einige auf dem Buffet liegende Unterlagen durchsah, begrüßte sie ihn mit den Worten: „Na, du kleiner Schnüffler!" Trotzdem nahmen wir natürlich auch ihre Nöte und gelegentlich auftretenden Sorgen ernst und gingen achtsam und verständnisvoll darauf ein. Dann nahm ich liebevoll ihre Hand, lächelte sie an und sprach mit ihr über ihre gesunden Kinder, Enkel- und Urenkelkinder. Und darüber, was für ein abwechslungsreiches Leben sie hatte und dass sie schon einmal den Pizzateig im Himmel vorbereiten solle, damit wir eines Tages, wenn wir alle einer nach dem anderen heimkehren, direkt mit dem Pizzabacken beginnen könnten. Dieser Gedanke zauberte ihr stets ein Lächeln ins Gesicht und ich konnte spüren, wie sich ihre Traurigkeit in ein schönes Gefühl des Getragenwerdens, ja sogar in Vorfreude verwandelte.

TROST & ZUVERSICHT SPENDEN

Wenn wir selbst stark in unserer Mitte sind und den Tod als Teil unseres Daseins auf Erden akzeptiert haben, können wir einem Sterbenden wunderbar Trost spenden. Und das mit einem zuversichtlichen Gesichtsausdruck und einem Strahlen in den Augen, so dass sich der Sterbende in unserer Gesellschaft wirklich geborgen fühlen kann. Wenn wir Angst haben, sind wir Opfer, wenn wir die Angst ablegen, werden wir zum Schöpfer einer neuen Sterbekultur, in der die Sterbenden mit einem Lächeln im Gesicht ihr irdisches Kleid ablegen und heimkehren können zu Gott.

Wie könnte das Trösten in der Realität aussehen? Hier ein paar Beispiele:

Du kommst ins Zimmer und bemerkst das traurige Gesicht deines Angehörigen. Liebevoll setzt du dich neben ihn, nimmst seine Hand und fragst ihn mitfühlend, aber dennoch lächelnd, ob er traurig sei. So spendest du dem Menschen Liebe, Berührung, Zärtlichkeit, Aufmerksamkeit und Anteilnahme. Wenn er bejaht, zeige Verständnis: „Ja, das kann ich verstehen. Diese Situation ist nicht einfach. Aber weißt du, wir machen einfach das Beste daraus, wir sind doch sowieso unsterblich und sehen uns im Himmel alle wieder. Du gehst ja nur voraus, wir kommen eines Tages alle hinterher." Oder schlage vor, einen lustigen Film zu schauen oder frischen Vanillepudding zu kochen. Entscheide intuitiv, welche Worte und Taten in diesem Moment die richtigen sind. Auch das Herauslassen von aufgestauter Wut ist bei einigen Menschen wichtig, um in den Frieden zu kommen. Leider ist in diesem Stadium das Essen von süßen Erdbeeren, Heidelbeeren, Ananas oder Orangen meist nicht mehr möglich, da das Essen oder Schlucken selbst kaum noch möglich ist oder schlichtweg der Appetit fehlt. Diese Garanten von guter Laune sollten aber dennoch von den Pflegenden genossen werden. Ein wenig Pudding hingegen wird von allen Beteiligten meist gerne gegessen.
Eine kleine Wellnessmassage kann dazu beitragen, dass sich der Bettlägerige entspannt und damit beginnt, sowohl den Duft als auch die Berührung zu genießen. Gib dafür einfach etwas Mandelöl mit zwei Tropfen ätherisches Rosen- oder Rosengeranienöl in ein Schälchen und beginne langsam damit, seine Hand zu massieren. Erst die Handfläche, dann jeden einzelnen Finger von der Wurzel bis zu den Fingerspitzen. Du kannst dabei leise Musik abspielen, die gewünscht wird. Falls dir die Auswahl überlassen wird, wähle

am besten sphärische Engels-Klänge oder herzöffnende Arien in gedämpfter Lautstärke.

Rosenquarz-Gesichtsmassage

Du stellst die Höhe des Pflegebettes so ein, dass du hinter ihm stehend deine Hand unter das Kinn des Bettlägerigen legen und ihm somit signalisieren kannst „ich halte dich". Für eine harmonisierende Gesichtsmassage benötigst du einen geschliffenen Rosenquarz in guter Qualität. Diesen tauchst du mit der anderen Hand in das Rosen-Mandelöl-Gemisch und beginnst damit, das Öl in kleinen runden Bewegungen in die Gesichtshaut einzumassieren. Du kannst am Haaransatz beginnen, dich langsam über die Stirn und die Wangen bis zum Kinn durcharbeiten und diesen Vorgang mehrmals wiederholen. Anschließend kannst du das restliche Öl auf der Haut mit deinen Händen sanft einmassieren. Zum Schluss streichst du das Gesicht von innen nach außen mit den Fingernägeln aus. Wenn es gewünscht wird, wiederhole alles. Gegen Abend kann diese Gesichtsmassage oder auch eine Fußmassage mit Mandelöl und Lavendel durchgeführt werden, um für die Nacht eine entspannende Wirkung zu erzielen.

Wichtig:

Nimm aggressive oder beleidigende Reaktionen eines Bettlägerigen oder Sterbenden nicht persönlich, denn sie haben garantiert nichts mit dir zu tun. Gehe damit um wie ein guter Freund und sorge stets dafür, dass die Atmosphäre im Zimmer zum Wohlfühlen ist und somit auch Emotionen wie Sorgen, Traurigkeit und Wut transformiert werden können.

MUSIK & UNTERHALTUNG

Für Menschen, die ihr Leben lang gearbeitet und sich bis ins hohe Alter selbst versorgt haben, ist es oftmals eine schmerzhafte Umstellung, an das Bett gefesselt zu sein. Es ist für sie daher die beste Unterhaltung, wenn sie so gut wie möglich in den Alltag miteinbezogen werden. Sie sollten sich so lange es geht die Zähne bzw. die Zahnprothese selbst putzen, das Gesicht und den Oberkörper waschen und die Haare kämmen. Vielleicht wollen sie die Wäsche zusammenlegen oder das Silberbesteck polieren. Wenn möglich, darf in Magazinen geblättert oder können Kreuzworträtsel gelöst werden. Eine Frau, die zeitlebens einen Lippenstift benutzt hat, wird diesen auch benutzen wollen, wenn sie sich langsam auf den Weg macht. Alles darf sein, was gewünscht wird.

Als wir unsere Mutter auf ihrem letzten Weg begleiteten, lief als Musik immer gerade das, worauf wir Lust hatten. Die Bandbreite ging von Soulmusik, 90er female voices über Operngesang, Meditationsmusik mit Naturgeräuschen, Enya oder Rumer. Ich hätte ihr auch Volksmusik vorgespielt, wenn sie es gewünscht hätte. Manchmal fiel die Wahl auch auf André Rieu oder auf Andrea Bocelli, der wunderbar meist in italienischer Sprache singt. Ich erinnere mich an einen Augenblick beim Zubereiten des Frühstücks, als ich durch das Babyphone hörte, wie sie eine Strophe der Arie mitsang. Das war ein Moment, der mich sehr berührte. Sicher verband sie ihre ganz eigenen Erinnerungen mit dieser Musik und der Muttersprache ihres Ehemannes, mit dem sie zu dem Zeitpunkt fast 60 Jahre lang verheiratet war. Für mich persönlich war und ist Musik ein wesentlicher Bestandteil meines Lebens, auf den ich niemals verzichten möchte. Musik trägt uns durch emotionale Phasen, sie erheitert uns, regt uns zum Mitsingen und Tanzen an und bringt uns zum Weinen. Musik ist einfach wunderbar und sie kann auch auf der letzten Reise für alle Beteiligten ein wertvolles Hilfs- und sogar Heilmittel sein.
Zum Abspielen der Musik nutzte ich Spotify auf meinem Laptop und konnte auf diesem Weg immer sehr flexibel sein. Wie auch bei allen anderen Belangen wie Speisen, Getränke und Düften durfte selbstverständlich meine Mutter entscheiden, wonach ihr der Sinn stand. Morgens lief manchmal auch WDR-4-Radio, wenn sie es so wollte. „Man muss ja auch mal das Neueste vom Tage hören", sagte sie dann immer. „Du weißt ja, dass du nicht alles, was in den Nachrichten gesagt wird, glauben darfst", entgegnete ich

dann meist. Aber ja, das wusste sie bis zum Schluss. Wir hatten unseren Eltern intensiv genug eingetrichtert, dass die Verbreitung von Schrecken und Panik ein politisches Tool ist, um die Bürger besser kontrollieren zu können. Auf all die emotionsgeladenen Schreckensmeldungen nicht mehr einzugehen und sie an seiner Aura einfach abprallen zu lassen, konnten sie recht gut umsetzen, was sie enorm gelassener sein ließ. Meine Mutter gehörte noch der Generation an, für die es selbstverständlich war, mehrmals am Tag die Nachrichten zu schauen oder zu hören, um gut informiert zu sein. Allerdings hat sich die Angst, die sich aus dieser Angewohnheit im Angesicht von Krieg und Gewalt entwickeln kann, wie oben bereits geschildert, stark in Grenzen gehalten. Es war so, als hätte sie in den letzten Jahren all die Lügen nicht mehr geglaubt und das war auch gut so, denn sie hatte als Kriegskind genug Angst erlebt, welche vor allem in Zeiten des Kalten Krieges in den achtziger Jahren stark getriggert wurde.

Abends schauten wir meist Naturdokumentationen und Reisemagazine auf meinem Laptop-Bildschirm. Dabei schwelgten wir in Urlaubserinnerungen und gerieten immer wieder ins Schwärmen für die Schönheit von Mutter Natur. Wir „reisten" gemeinsam durch Italien, die Azoren, Schweden, Norwegen, Schottland, die Bretagne, Sri Lanka und viele andere wunderschöne Reiseziele. Manche Dokus schauten wir während der fast drei Monate auch zweimal, weil sie uns so gut gefallen hatten. So wurde diese Zeit auch für mich zu einer Lebensphase, in der ich entschleunigen und mich voll und ganz auf meine Aufgabe konzentrieren konnte. Sobald meine Mutter eingeschlafen war, schalteten wir Licht und Laptop aus und ich ging ins Wohnzimmer zu meinem Vater. Sobald ich außer Reichweite meiner Mutter war und sie nicht mehr hören konnte, schaltete ich das Babyphone an.

Neben dem Wohnzimmer befand sich das Gästezimmer, in dem ich schlief. Das Babyphone stellte ich auf eine Stufe ein, in der ich nicht durch jeden Atemzug geweckt wurde, aber sofort mitbekam, wenn meine Mutter mich brauchte, weil sie z.B. Schmerzen hatte und dementsprechende Laute äußerte. Das kam hier und dort vor, manchmal auch zweimal in der Nacht. Oftmals konnte sie jedoch gut schlafen, was sicherlich auch an ihrer von der Hausärztin verschriebenen Schlaftablette lag, die sie abends immer bekam. Obwohl ich 100%ige Naturheilkundlerin und als „Kräuterhexe" bekannt bin, war es für mich selbstverständlich, in dieser letzten Lebensphase alles zu tun, was meiner Mutter Erleichterung, einen guten Schlaf und Schmerzfreiheit sichern konnte.

Wenn man den Besuch von lieben Menschen außerhalb des engen Familienkreises auch als Unterhaltung einordnen kann, so haben wir auch in diesem Punkt stets unsere Mutter selbst entscheiden lassen. Manchmal hatte sie absolut keine Lust auf Besuch, manchmal freute sie sich aber sehr darüber. Zu den Besuchern zählten die Haushaltshilfe, die seit über dreißig Jahren zweimal im Monat beim Putzen half und selbstverständlich die Enkel- und Urenkelkinder.

Wenn die Lebensenergie, das Chi, fast aufgebraucht ist, kann sich nichts mehr regulieren. Hier geht es nur noch um Qualität, nicht mehr um Quantität. Und in diesem Fall verstehe ich unter Qualität für den Pflegebedürftigen ein Sich-getragen-fühlen von Familienmitgliedern, die Freude versprühen. Eine schöne, vertraute, gut riechende Umgebung, nette Gesellschaft, wenn diese gewünscht ist, schöne Musik, größtmögliche Schmerzfreiheit und einen guten Schlaf.

Ich möchte an dieser Stelle noch einmal ausdrücklich darauf hinweisen, dass all dies nur Anregungen sind, die nicht in jedem Fall gewünscht sind. Vielleicht möchte dein Angehöriger gar keine Musik hören, keine Düfte riechen, keine Massagen genießen und keine Filme sehen. Vielleicht möchte er lieber die absolute Stille und noch nicht einmal Schmerzmittel, sondern durch den Schmerz hindurchgehen. All das ist möglich und muss von dem Sterbebegleiter akzeptiert werden.

SCHMERZEN, ENTZÜNDUNGEN & KÖRPERPFLEGE

Schmerzen im Bewegungsapparat: Meine Mutter bekam dreimal täglich ein starkes Schmerzmittel, das sie sehr gut vertrug. Nur zum Ende hin, also wenige Tage vor ihrem Tod, war eine gleichzeitige Schmerzmittelgabe und Nahrungsaufnahme nicht mehr möglich und wurde wieder erbrochen. Ansonsten haben die Schmerzmittel ihr nie irgendwelche Magenschmerzen oder Übelkeit verursacht. Wenn sie trotz der Schmerzmittel über Schmerzen im operierten Bein oder über Verspannungsschmerz in Schulter und Rücken oder an den Hüften klagte, rieben wir die Stellen mit Wondergel® oder dem Schmerzöl ein, was ihr stets sehr gutgetan hat. Wir benutzten die Produkte auch zwischendurch, bevor Schmerzen auftraten – denn alleine die Berührung und der frische Duft der Produkte wirkten wohltuend – und zwar sowohl auf die Patientin, als auch auf uns, die Pflegenden.

Für das Schmerzöl habe ich als Basis ein selbst hergestelltes Johanniskrautöl[2] mit den ätherischen Ölen Wintergrün, Weihrauch, Copaiba und Rosmarin angereichert. Damit haben wir die schmerzenden Bereiche des Körpers eingerieben oder sanft massiert: Die Schultern, den Rücken und die Beine. Es hat eine schmerzlindernde, muskelentspannende und entzündungshemmende Wirkung.

> **Schmerzöl:** Hierfür füllst du in eine Braunglasflasche 50 ml Olivenöl oder Johanniskrautöl und gibst je 5 Tropfen ätherisches Öl Wintergrün, Weihrauch, Copaiba und Rosmarin hinzu.

Für eine durchblutungsfördernde, wärmende Wirkung wäre die mäßige Ergänzung mit ätherischem Ingweröl ratsam. Auch ätherisches Zimt- und Pfefferöl wirken wärmend, ebenso wie Chilipulver. Aber hier gilt ganz besonders -wie in sämtlichen anderen Bereichen auch- die Faustregel: „Weniger ist mehr". Es handelt sich hierbei um sog. heiße Öle, am besten probierst du die fertige Massageöl-Mischung erst einmal an dir selbst aus. Bedenke auch, dass die Haut deines Angehörigen aus Gründen des Alters oder eines gesundheitlichen Defizits besonders empfindlich ist.

Um etwas Kühlung in zu warme bzw. heiße Bereiche am Körper zu bringen, kann <u>vorsichtig</u> mit der grünen Minze oder der Pfefferminze gearbeitet

---

[2] Rezept zur Herstellung im Anhang

werden. Dafür würde ich als Grundlage eher ein neutrales Mandelöl empfehlen. Insbesondere an heißen Sommertagen können diese Öle wunderbar kühlend eingesetzt werden. Hierfür nimmst du eine kleine Schüssel mit
handwarmem Wasser. Dort hinein gibst du eine Messerspitze MeineBase®
und zwei Tropfen kühlendes ätherisches Öl. Wenn alles gut miteinander ver-
mischt ist, tauchst du ein dünnes Frotteehandtuch hinein, wringst es gut aus
und legst es deinem Angehörigen auf die Stirn. Auch eine Handmassage
mit einem in den Handflächen verriebenen Tropfen Pfefferminzöl kann sehr
guttun. Hierbei wird jeder Finger sanft vom Anfang bis zur Fingerspitze aus-
gestrichen. Wenn du zusätzlich mit einer Zeitung wedelst, entsteht eine
wunderbar kühlende Brise.

Schmerzen bei der Verdauung: Bei bettlägerigen Menschen können aus
verschiedenen Gründen schnell Verdauungsprobleme entstehen, wobei
es sich meist um Obstipation, also Verstopfung handelt. Dies ist kaum zu
vermeiden, da die Nahrungsaufnahme und dadurch auch die Ballaststoff-
zufuhr sehr gering sind, starke Schmerzmittel stopfend wirken, die Bettlägerigkeit den natürlichen Stoffwechsel und die Darmperistaltik negativ beeinflussen.

Es ist zu empfehlen, dass parallel zur Schmerzmittelgabe auch Abführmittel
gegeben bzw. angeboten werden. Diese sollen gemäß Beipackzettel allerdings meist mit einer großen Menge an Wasser getrunken werden, was
nicht jeder Palliativpatient leisten kann. Versuche stets, mit dem Apotheker
deines Vertrauens die beste Lösung zu finden. Sollte der Patient gerne ein
Schnittchen Brot zum Frühstück essen, backe es am besten mit großen Mengen an Ballaststoffen wie Haferkleie und Leinsamen selbst. Auch Breie mit
Haferflocken, Leinsaatschleim und Lactulose können unterstützen. Obst
wird oft nicht mehr gut vertragen, eine allgemeingültige Empfehlung was
die Ernährung des Palliativpatienten angeht, gibt es allerdings nicht. Hier
sind viel Fingerspitzengefühl und eine objektive Beobachtungsgabe gefragt. Am Ende muss unbedingt der Bettlägerige selbst entscheiden dürfen,
was er zu sich nehmen möchte. Um einen guten Überblick zu behalten, ist
das Führen eines Tagebuches ratsam, in welchem die Mahlzeiten, das Befinden des Palliativpatienten und sonstige Gegebenheiten eingetragen
werden.
Bei sämtlichen Schmerzen oder Unwohlsein im Verdauungstrakt wirkt das
Trinken von Fenchel-Anis-Kümmel-Tee, Kamillentee oder Pfefferminztee

beruhigend. Gegebenenfalls auch mit Honig, hier darf der Patient wie immer nach Vorliebe entscheiden. Wenn es im Unterleib aufgrund der Obstipation zwickt, schafft eine sanfte Massage mit den ätherischen Ölen Anis, Fenchel, Estragon, Majoran, Pfefferminze und Rosmarin rasche Linderung.

> **Entkrampfendes Schmerzöl für den Verdauungstrakt:** Hierfür füllst du in eine Braunglasflasche 50 ml Olivenöl oder Johanniskrautöl und gibst je 3 Tropfen ätherisches Öl Anis, Fenchel, Estragon, Majoran, Pfefferminze und Rosmarin hinzu. Hier könnte statt des Öls auch gut die Schüßlersalbe Nr. 7 Magnesium phosphoricum als Grundsubstanz genommen werden.

Bei sämtlichen krampfartigen Schmerzen kann zusätzlich immer mit Magnesium phosphoricum gearbeitet werden. Hier können ganz problemlos die homöopathischen Globuli in D12 oder die Schüßler-7-Globuli oder die Globuli aus der anthroposophischen Medizin von Wala verabreicht werden. Dafür gibst du im Akutfall einfach 5 Globuli unter die Zunge oder löst sie in etwas stillem Wasser auf, welches du dann zum Trinken anreichst.

Blasenentzündung: Ein Blasen-Katheter birgt immer die Gefahr einer Blasenentzündung (Zystitis). Diese wird von dem Patienten aufgrund der starken Schmerzmittel zwar nicht in vollem Umfang wahrgenommen, meist jedoch trotzdem als sehr unangenehm empfunden und ist unbedingt behandlungswürdig, damit keine Sepsis entsteht. Wenn pathogene Keime vorhanden sind, sieht man das am Ausfluss und riecht es auch. Die Gabe eines Antibiotikums wollten wir bei unserer Mutter unbedingt vermeiden, da sie darauf allergisch reagiert und sofort einen Pilz im Mund (Soor) entwickelt. Das bisschen, was sie noch aß -zum Schluss war es nur noch ihr geliebtes weich gekochtes Ei- sollte sie mit Genuss essen dürfen. Wir entschieden uns für eine alternative Behandlung und es funktionierte sehr gut:

Meine Mutter bekam morgens, ca. eine Stunde vor dem Frühstück und der Schmerzmittelgabe, im täglichen Wechsel CBD-Öl-Paste oder CBD-Gold-Öl unter die Zunge. Welches Produkt du für deinen Angehörigen bevorzugst, liegt bei dir, es sollte jedoch ein hoch konzentriertes, stark entzündungshemmendes und schmerzlinderndes sein. Wir hielten uns an die Dosierungsvorgaben. Vom Geschmack her war es für unsere Mutter erträglich, das war mir sehr wichtig. Dann trank sie ein halbes Pinnchen Wasser mit 10

Tropfen DMSO, was in diesem Fall als Entzündungshemmer, aber vor allem auch als Schleuser und Verstärker fungieren sollte.

Da meine Mutter keinerlei Presslinge oder Kapseln schlucken wollte bzw. konnte, schmierte ich ihr dann noch den Inhalt von 2 Kapseln D-Mannose zusammen mit Butter und Honig auf ihr tägliches, ballaststoffreiches Schnittchen. Die mit Cranberry-Extrakt angereicherte D-Mannose wirkte von innen gegen die Zystitis, ebenso der Blasen- und Nierentee, den wir mit einem Teelöffel Manuka-Honig verfeinerten. Wann immer ich in ihrer Nähe war, bot ich ihr außerdem einen Schluck stilles Wasser an. Meist nahm sie dann einen kleinen Schluck aus ihrem hübschen Schnabeltässchen. Diese Behandlung dauerte ca. eine Woche, bis die Symptome sich sehr stark gebessert hatten. Wir wiederholten die Behandlung noch ein weiteres Mal, als es uns nötig erschien.

Wenn DMSO innerlich eingenommen wird, dünstet der Körper einen etwas unangenehmen, schwefeligen Geruch aus, der an einen mehrere Tage alten Suppeneintopf erinnert, der von dem Konsumenten selbst aber nicht wahrgenommen wird. Das ist gerade bei einem pflegebedürftigen Menschen m.E. nicht weiter schlimm, sollte man jedoch vorher wissen.

Kolloidales Silber war stets ein wertvoller Begleiter, wenn es um das Desinfizieren von Hautstellen oder Schleimhäuten ging, da es sehr hautfreundlich ist und nicht brennt.

Kurzes Statement zum Thema „Schnabeltasse": Während dieses meines Erachtens wertvolle Hilfsmittel im Krankenhaus, in dem meine Mutter operiert wurde, täglich im Einsatz war, wurde sie auf der geriatrischen Station während der anschließenden REHA-Behandlung nicht zur Verfügung gestellt. Als Begründung sagte man uns, dies sei nicht mehr zeitgemäß. Was auch immer sie damit meinten, ist mir ein Rätsel. Diese Entscheidung können nur Menschen getroffen haben, die noch nie im Liegen trinken mussten und dann aufgrund von Personalmangel stundenlang mit einem nassen Nachthemd dagelegen haben. Wir haben seinerzeit unsere eigene Schnabeltasse aus Kunststoff mitgebracht, wofür unsere Mutter sehr dankbar war.

Sehr starke Schmerzen: Wenn starke verschreibungspflichtige Schmerzmedikamente in Kombination mit naturheilkundlichen Mitteln nicht mehr ausreichen und der Palliativ-Patient um Linderung bittet, gibt es die

Möglichkeit, das Palliativnetzwerk zu kontaktieren und über die Palliativ-Ärzte Opiate/Morphine zur Verfügung gestellt zu bekommen. Da das Konsumieren von Cannabis in Deutschland nun (Stand 2024/25) legal ist, möchte ich die Gelegenheit nutzen und an dieser Stelle auf die stark schmerzstillende Wirkung von Cannabis aufmerksam machen. Natürlich hat es auch weitere gesundheitsfördernde Wirkungen, wenn es bewusst und umsichtig als Medizin eingesetzt wird. Hierfür werden Cannabisblüten mit der Hilfe eines Vaporisators inhaliert. Auch im Bereich Cannabis sind eine gute Qualität und vertrauenswürdige Bezugsquellen wichtig. Optimal wäre es natürlich, einen Arzt zu finden, der mit medizinischem Cannabis arbeitet und es verordnen kann.

Hautpflege: Wir pflegten die Haut unserer Mutter ausschließlich mit einer Lauge aus MeineBase® und manchmal bei Bedarf einem wohlriechenden Creme-Duschbad von Weleda. Nach dem Waschen rieben wir die Haut am ganzen Körper und auch das Gesicht mit der MSM Plus Vital Pflegelotion® ein. Für die stark beanspruchten Stellen, die vom Wundsein bedroht waren, nahmen wir die Palliativcreme®. Im dritten Pflegemonat zeigten sich zwei kleine wunde Hautstellen, die sich unbehandelt zu einem Dekubitus hätten entwickeln können. Ich gab DMSO auf einen Wattepad und legte diesen für ca. 1 Minute auf die jeweilige Hautstelle. DMSO trocknet aus. Sobald die Hautstellen nach ca. 30 Minuten trocken waren, gaben wir reichlich Palliativcreme® darauf und deckten sie nur locker mit einem Einmal-Waschlappen ab, damit die Bettdecke nicht beschmutzt wurde. So haben wir die beiden offenen Hautstellen sehr schnell schließen können. Die restliche Haut war bis zum Schluss gesund und zart.

Ein Duschbad konnten wir ihr nur ein einziges Mal ermöglichen, und zwar im Zuge des ersten Blasen-Katheter-Wechsels. Das Prozedere war für sie jedoch so anstrengend, dass sie sich übergeben musste, als sie anschließend wieder auf ihrem Bett saß. Zwar half unsere Krankenschwester professionell dabei, meine Mutter aus dem Bett in den Duschstuhl zu heben, doch es war aufgrund der noch nicht allzu lange zurückliegenden Knieoperation dennoch eine Tortur für sie. Sie hatte sich so sehr eine Dusche gewünscht und diesen Wunsch konnten wir ihr ein letztes Mal erfüllen.

Haarpflege: Da bettlägerige Menschen, die sich noch mitteilen und eigenständig bei zu viel Wärme ihre Bettdecke auf die Seite schlagen können, kaum schwitzen, müssen die Haare nicht mehrmals in der Woche gewaschen werden. Bei bewusstlosen Bettlägerigen sollten die Angehörigen im Sinne der Betroffenen entscheiden. Anders als bei einem Duschbad, ist das Haarewaschen in der Regel nicht anstrengend für den Bettlägerigen und kann auf Wunsch und nach Bedarf erfolgen. Hierfür gibt es extra aufblasbare Waschbecken, die über einen Schlauch mit einem Eimer verbunden sind, der unter dem Bett steht. An dem Prozedere sollten auf jeden Fall zwei Helfer mitwirken, damit kein Wasser in die Augen läuft und alles ohne Überschwemmung vollzogen werden kann. Das Haarewaschen mit dem aufblasbaren Waschbecken ist gleichermaßen anstrengend wie auch amüsant. Doch ein anschließender schicker Haarschnitt und das frische, duftige Gefühl auf dem Kopf sind der gerechte Lohn für all die Mühe. Auch ein alter Mensch, der keine hohe Lebenserwartung mehr hat, sollte sich immer gut, sauber und auch seinen Wünschen entsprechend gutaussehend fühlen.

Mundpflege: Der Mund eines Bettlägerigen ist oftmals sehr trocken bei gleichzeitiger Durstlosigkeit. Die Lippen können gut mit einem Pflegestift z.B. von Weleda oder einem natürlichen Öl wie z.B. Oliven- oder Mandelöl gepflegt werden. Neben Wasser können Tees angeboten werden. Vielleicht möchte der Angehörigen auch auf einem Stück Orange, Zitrone oder Ananas kauen. Bei Entzündungen im Mund- oder Rachenraum oder allgemein im Sommer bei heißem Wetter kann der Lieblingstee eingefroren und zum Lutschen angeboten werden. Ansonsten ist die Mundhöhle täglich mit einem Schwämmchen oder bei eigenen Zähnen natürlich auch mit einer Zahnbürste zu reinigen.

ALS PFLEGENDE KÖRPERLICH UND MENTAL STARK BLEIBEN

Eine monatelange Zeit der Intensiv-Pflege und des Abschiednehmens kann für die Pflegenden physisch und psychisch anstrengend sein und sie vor diverse Herausforderungen stellen. Ich möchte dir daher empfehlen, gerade in diesen belastenden Zeiten die wichtigsten Life-Hacks zu verinnerlichen und anzuwenden. Meines Erachtens gehören die nachfolgend genannten auf jeden Fall dazu. In jedem meiner Workshops spreche ich über sie und ich würde bereits Heranwachsende mit ihnen vertraut machen, da sie wertvolle Werkzeuge für ein besseres Leben sind. Wir wissen nie, welche Aufgaben und Lektionen wir in unserem Leben erfüllen und lernen müssen, aber wir können bereits früh damit beginnen, das Leben als Schule und Probleme als Herausforderungen zu betrachten und nicht als Strafe. Wir sind Schöpfer, keine Opfer. Und wir können einiges dazu betragen, stark wie ein Bambus im Wind zu stehen.

Eine Lebensphilosophie oder Lebensbetrachtung finden, die den Tod als Teil des Lebens integriert und dir die Angst vor dem Sterben nehmen kann. Darüber habe ich weiter vorne im Buch bereits ausführlich geschrieben. Es ist wirklich wichtig, seinen ganz persönlichen Weg zu finden, ganz egal welchen. Ob durch die Tür der Religion oder über einen Besuch in einem Ashram, über Gespräche mit anderen Menschen, durch Seminare oder spirituelle Reisen oder aber durch das Lesen von einigen der zahllosen Bücher zu dem Thema.

Ernährung und gutes Wasser: Ein Stück Schokolade für die Nerven und ein Schlückchen Wein am Ende des Tages können das Leben auch in einer anstrengenden Phase versüßen. Es wäre jedoch ratsam, deine Zellen, dein Gehirn und deine Nerven mit gesunder Ernährung, leckeren Smoothies, viel Gemüse, reichlich stillem Wasser, ausreichend Omega-3-Fettsäuren sowie sämtlichen Vitaminen, Mineralstoffen und Spurenelementen zu versorgen. So fühlst du dich weiterhin fit statt erschöpft.

Bewegung: Versuche in den wenigen Zeitfenstern, die dir zur Verfügung stehen, einen Spaziergang zu machen, für eine halbe Stunde Fahrrad zu fahren oder etwas zu joggen. Du kannst auch im Pflegezimmer Yoga- oder Dehnübungen machen, das ist sicher eine schöne Abwechslung für deinen Angehörigen, der dann auch in den Genuss der Musik kommt.

Meditation: Auch das Meditieren im Beisein des Angehörigen könnte für diesen und für dich eine schöne Unterhaltung sein. Wenn das nicht möglich ist, versuche in Zeiten, in denen dein Angehöriger schläft, einen Ort der Stille zu finden, in der du dich erden, energetisch reinigen und zur Ruhe kommen kannst. Auch ein Salzbad oder eine Dusche mit einem duftigen Salz-Peeling kann dir dabei helfen, dich rundum gereinigt und wieder frisch zu fühlen.

Niemals den Humor verlieren: Wenn es eines im Leben gibt, was ich JEDEM raten möchte und bereits meinen Enkelkindern mit auf den Weg geben werde, dann ist es das Darlegen der Wichtigkeit von täglichen Lach-Attacken. Lachen ist gesund und dabei ist es völlig egal, wie schwierig die Lage im Außen, also familiär, gesundheitlich oder politisch gerade sein sollte. Lachen erhöht die eigene Schwingung, die unserer Mitmenschen und kann die Energie in einem ganzen Zimmer zum Guten hin verändern. Lachen sorgt für Freude und Zuversicht. Die im Jahr 2011 verstorbene Motivationstrainerin und Pionierin gehirn-gerechter Denk- und Lerntechniken, Vera F. Birkenbihl hat es in einem Seminar wunderbar erklärt: Das Gehirn produziert bereits Glückshormone, wenn man die Mundwinkel zu einem Lächeln formt – selbst, wenn man eigentlich schlecht gelaunt ist. Daher sollten wir unbedingt versuchen, jeden Tag für einige Minuten zu lächeln, auch wenn sich das aufgesetzt oder unecht anfühlt. Am besten bereits morgens beim Teekochen. Auch das Ansehen von lustigen Filmen oder Serien oder dem Lieblings-Comedian kann dazu beitragen, dass alle ein wenig besser drauf sind. Im Leben immer „ganz leicht einen an der Waffel zu haben" und alles nicht allzu ernst zu nehmen, ist einer meiner Lieblings-Tipps für ein unbeschwertes Leben. Wenn wir immer unser Bestes geben, dabei achtsam und liebevoll mit Menschen, Tieren und der Natur umgehen, gibt es keinen Grund dafür, nicht etwas ver-rückt zu sein. So wird das Leben leichter und macht mehr Spaß.

ABSCHIEDNEHMEN

Sollte aus welchem Grund auch immer, die Begleitung des letzten Weges eines Angehörigen von dir daheim nicht geleistet werden können, gibt es die Möglichkeit, dies in einem Hospiz mit der Unterstützung von Fachpersonal und liebevollen ehrenamtlichen Mitarbeitern zu tun. Informiere dich rechtzeitig in deinem örtlichen Hospiz und lasse dich gegebenenfalls auf eine Warteliste setzen. Ein Hospiz ist eine sehr schöne Alternative zur eigenen Wohnung, dort kann man rund um die Uhr für den Angehörigen da sein, ohne Angst haben zu müssen, etwas falsch zu machen. Ein Sterbender, der zeitlebens der Schulmedizin vertraut hat, kann sich auch auf der Palliativstation eines Krankenhauses am wohlsten fühlen. Dort ist es meist möglich, als Angehöriger die letzten Tage und Nächte bei dem Sterbenden zu verbringen.

Die letzten Atemzüge eines Sterbenden können sehr friedlich oder sehr schwer sein, denn auch das Sterben ist so individuell wie das Leben. Sie können ausgehaucht werden, während der Sterbende für einen Moment lang allein im Zimmer war oder im Beisein der Familie, nachdem sich alle Kinder, Enkel- und Urenkelkinder verabschiedet haben. Was auch immer der Sterbende für sich gewählt hat, so ist es in Ordnung und darf ohne Bewertung oder Schuldgefühl akzeptiert werden.

Ich kenne aus dem Schamanischen das Ritual, dass nach dem letzten Atemzug ein Fenster geöffnet wird. Es darf auch geräuchert oder der Leichnam mit Nardenöl oder einem anderem Lieblingsöl gesalbt werden. Die Leichenstarre tritt erst nach einigen Stunden ein. Bis dahin kann in Ruhe entschieden werden, ob der Leichnam von den Angehörigen gewaschen und frisch eingekleidet werden soll oder ob das der Bestatter übernehmen soll. Alles darf, nichts muss. Ein Abschied in Stille oder leise Musik, ein Gebet, ein Lied, ein Gedicht, Blumen oder Kristalle – entscheide intuitiv, was sein soll.

Für uns Angehörige war die gesamte Zeit der palliativen Pflege meiner Mutter ein Abschiednehmen. Während meine Mutter zwischendurch immer wieder einmal fragte, wie lange denn der Aufenthalt im Bett noch dauern würde, weil sie ihren Zustand nicht realisieren konnte, war uns allen klar, dass wir sie auf ihrem letzten Weg begleiteten. Wenn ich mit ihr alleine im Zimmer war und sie diese Fragen stellte, ging ich immer positiv darauf ein, so dass sie beruhigt und zuversichtlich blieb. Wenn sie an der Zimmerdecke Nebel sah, schaute ich neugierig auch dorthin und äußerte Dinge wie: „Vielleicht sind das schon die Engel, die dich bald in den Himmel begleiten". Dann musste sie immer lächeln. Die Tatsache, dass ich keinerlei Angst vor dem Tod habe und das, was ich ihr sagte, stets ernst meinte, gab ihr ein tiefes Gefühl der Freude und Geborgenheit, das konnte ich spüren. Ich schaffte es, ihre möglicherweise vorhandenen Ängste zu nehmen. Und wir alle als Familie machten ihr die letzten drei Monate ihres Lebens so schön wie möglich.

Eines Morgens erwachte sie nicht mehr richtig aus ihrem nächtlichen Schlaf. Zwar schlug sie hin und wieder die Augen auf und sah uns an, aber sie konnte nicht mehr sprechen. Wir streichelten ihr Gesicht und sagten ihr, dass alles gut sei. Daraufhin konnte sie loslassen und sich ihrem Schlaf ruhig hingeben. Am darauffolgenden Tag hat sie abends um 18.30 Uhr friedlich ihren letzten Atemzug getan, nachdem eine halbe Stunde zuvor ein Teil ihrer Liebsten Abschied genommen hatte. Die Urenkeltochter gab ihr ein letztes Küsschen und sagte: „Schlaf schön, Oma Hildegard!". Als meine Mutter hinüberging, waren neben mir auch meine Schwester, mein ältester Neffe und mein Vater anwesend. Ich öffnete das Fenster, so dass die Seele Raum hatte. Alles war ganz friedlich. Nach einiger Zeit rief ich den rund um die Uhr erreichbaren Palliativ-Dienst an und kurze Zeit später kam ein Arzt zur Begutachtung und Ausstellung des Totenscheines vorbei.

Am übernächsten Tag wurde meine Mutter dann am frühen Nachmittag vom Bestatter abgeholt und zweieinhalb Wochen später im engsten Familienkreis beigesetzt. Erst am Tag nach der Abholung packte ich meine Sachen zusammen und fuhr zu meinem Mann und meinem Hund. Ich fuhr jedoch für mehrere Wochen jeden Tag zu meinem Vater, um ihm dabei zu helfen, nach und nach etwas Struktur in seinen neuen Alltag zu bekommen. Bei dem Durchleben seiner Trauer und dem Schmerz des Vermissens seiner Frau nach fast 60 Jahren Ehe konnte ich ihm nicht helfen.

All dies geschah während der dunkelsten Jahreszeit, in der es noch dazu jeden Tag regnete. Das machte die Trauerphase für meinen Vater natürlich nicht einfacher. Wir versuchten, so oft es ging, bei ihm zu sein, ohne dass es aufdringlich erschien, denn ich hatte den Eindruck, dass er das Alleinsein auch brauchte. Da bei dem schlechten Wetter keine für ihn so wichtigen Spaziergänge möglich waren, haben wir ihm unser Ergometer ins Wohnzimmer gestellt, so dass er trotzdem Bewegung hatte. Nach einigen Wochen wurden das Wetter und somit auch die seelische Verfassung unseres Vaters besser. Alles braucht seine Zeit – jeder darf sich die Zeit nehmen, die nötig ist. Nach und nach richteten wir das Esszimmer wieder her und verstauten die Pflegehilfsmittel in beschrifteten Kartons im Keller. Erst einige Monate später haben wir damit begonnen, die Kleidung meiner Mutter auszusortieren. Wir sind sehr behutsam vorgegangen, da mein Vater schon genug Veränderungen hinnehmen musste. Er durfte alles bestimmen, wir ließen ihn an unseren Vorschlägen teilhaben und er musste sie absegnen. Alles Weitere, wie die Umschreibungen von Bankkonten, Versicherungen, den Antrag auf Witwerrente, Finanzamt- und Krankenkassenschreiben sowie Überweisungen erledigte ich nach und nach.

Und wie immer trifft sich unsere Familie jeden Mittwochabend zum gemeinsamen Essen. Und auch wenn der Stuhl meiner Mutter leer bleibt, so ist sie doch immer an unserer Seite – so, wie wir sie in Erinnerung behalten.

BESTATTUNG

Abschließend noch einige Informationen bezüglich der Bestattung des geliebten Menschen. Wenn dieser im Vorfeld bereits seine Wünsche geäußert hat, kann nach einigen Tagen in einem unverbindlichen Gespräch mit dem Bestattungsunternehmen des Vertrauens mit der Planung begonnen werden. Sollte es über die Art der Bestattung und alles Weitere noch Unklarheit herrschen, macht ein Beratungsgespräch ebenfalls großen Sinn. Die mir bekannten Bestatter sind allesamt gesegnet mit emphatischen Mitarbeitern. Schau ganz in Ruhe, wem du die Körperhülle des Verstorbenen anvertrauen magst. Ich kenne Bestatterinnen, die beim Waschen und Herrichten des Leichnams jedes einzelne Körperteil segnen, bevor er mit den Lieblings-Kleidungsstücken angekleidet wird. Sollte eine Trauerfeier gewünscht sein, kann auch diese ganz individuell gestaltet werden. Mit schönen Lesebeiträgen, Musik- und Gesangseinlagen oder auch ganz ruhig – so, wie es gewünscht wird.

Die Bestattungsunternehmen kümmern sich außerdem um folgendes:

- Ausführliche Beratung inklusive Kostenvoranschlag
- Organisation und Durchführung von Trauerfeiern und Beisetzungen in ganz Deutschland
- Überführung aus dem In- und Ausland
- Hygienische und kosmetische Versorgung der Verstorbenen
- Thanatopraktische Versorgung bei Bedarf (ästhetische Aufbahrung)
- Lieferung von Särgen, Urnen, Bestattungswäsche und Zubehör
- Begleitung bei der Wahl von Bestattungsart, Grabstätte, Grabmal etc.
- Terminabsprachen mit Kirchen, Friedhöfen und Dienstleistern
- Gestaltung der Trauerfeier inklusive Blumen, Dekoration und Musik
- Vermittlung von kirchlichen und weltlichen Trauerrednern sowie von Floristen und Musikern
- Organisation des Trauerkaffees
- Vermittlung von Steinmetzen und Grabpflegediensten
- Gestaltung und Druck von individuellen Todesanzeigen und Danksagungen
- Anfertigung von Erinnerungsschmuck und Totenmasken

- Einrichtung einer kostenlosen Online-Gedenkseite
- Trauerbegleitung vor, während und nach der Bestattung
- Beurkundung des Sterbefalls und sämtliche Behördengänge
- An- und Abmeldungen bei Versicherungen, Rententrägern, Ämtern und Dienstleistern
- Hilfe bei der Beschaffung sämtlicher Dokumente
- Antrag auf Rentenvorschusszahlung und Hinterbliebenenrente
- Anträge für Versicherungsleistungen
- Online-Abmeldungen und digitale Nachlassverwaltung
- Bestattungsvorsorge

Hast du dich für einen Bestatter entschieden, wird ein Termin für ein ausführliches Gespräch vereinbart. Nutze die Zeit, um bis dahin folgende Unterlagen bereitzulegen:

Persönliche Dokumente:

- Todesbescheinigung vom Arzt
- Personalausweis oder Reisepass des Verstorbenen
- Personenstandsnachweis: Stammbuch oder Auszug aus dem Familienbuch
  bei Ledigen: Geburtsurkunde
  bei Verheirateten: Heiratsurkunde
  bei Geschiedenen: Heiratsurkunde und Scheidungsurteil
  bei Verwitweten: Heiratsurkunde und Sterbeurkunde des Ehepartners
  bei gleichgeschlechtlicher Partnerschaft: entsprechende Urkunde

Bestattungsdokumente:

- Bestattungsvorsorgevertrag, falls vom Verstorbenen abgeschlossen
- Graburkunde, sofern eine Grabstelle vorhanden ist
- Verfügung/Willenserklärungen für:
  Feuerbestattung
  Seebestattung

Versicherungs- und Rentendokumente:

- Krankenkassenkarte zur Abmeldung der Mitgliedschaft
- Versicherungsunterlagen zu:
  Sterbegeldversicherung
  Lebensversicherung
  evtl. Mitgliedsnachweise bei einer Gewerkschaft
- Rentenbescheide:
  Gesetzliche und betriebliche Renten
  Versorgungsrenten/Schwerbehindertenausweis
  BG-Renten

Für den Fall, dass der Leichnam vom Bestattungsunternehmen gewaschen, hergerichtet und angekleidet werden soll, lege auch die Kleidung bereit, die der Verstorbene tragen soll.

TRAUER

Eine Trauerphase kann sehr kurz sein oder sie kann über Jahre hinweg ein täglicher Begleiter bleiben. Es gibt keine Empfehlung und keine Norm für die Art, die Intensität und die Länge der Trauer, jeder sollte sie zulassen und sich ihr dann vorbehaltslos hingeben. Bei einer Palliativbegleitung der Eltern ist die Zeit der Pflege meist schon als Trauerphase zu bewerten, die mit dem Übergang ins Licht dann bereits abgeschlossen ist. Betrachten wir den Tod als Teil des Lebens, kann es sogar sein, dass neben kurzen Momenten der schmerzvollen Erinnerungen keine weitere große Trauer eintritt, sondern eher ein Gefühl des tiefen inneren Friedens, und auch das ist völlig in Ordnung. Jeder muss die Zeit nach dem Abschied auf seine ganz eigene Weise durchleben. Es gibt gut ausgebildete, empathische Trauerbegleiter, die Menschen dabei unterstützen, wenn sie mit einem Verlust alleine nicht umgehen können. Es gibt sogar spezielle Trauergruppen, z.B. für verwaiste Eltern. Der Austausch mit Menschen, die Ähnliches erlebt haben, hilft vielen Trauernden.

In der Naturheilkunde finden wir homöopathische Mittel wie Ignatia oder spezielle Bachblüten-Mischungen und Essenzen, die unterstützen können. In der Aromatherapie sind die stimmungsaufhellenden Zitrusöle, allen voran die Bergamotte, wertvolle Helfer während einer Trauerphase.

NACHWORT

Das Sterben und der Übergang ins Licht sind bei jedem Menschen so individuell wie das Leben selbst. Dieser Erfahrungs-Leitfaden kann dir daher keine Patentlösungen bieten. Ich hoffe jedoch, dass er dich inspiriert und dir wertvolle Anregungen gegeben hat im Hinblick auf den Lebensabschnitt, der vielen von uns mit nahestehenden Angehörigen oder Freunden bevorsteht. Es ist gut, mental vorbereitet zu sein. Ich erachte es am wichtigsten, alles daran zu setzen, das Leben selbst, und somit auch den Tod, als ganz natürlich und zusammenhängend zu erfassen. So werden wir auch zu Lebzeiten stärker und sind weniger manipulierbar, weil wir im Vertrauen sind.

Auch im Hinblick auf den Tod unserer geliebten Haustiere ist eine spirituelle Sichtweise auf das Leben von großem Vorteil. Das Lebensende eines Hundes kann uns den Boden unter den Füßen wegziehen und in eine unbeschreibliche Trauerphase stürzen. Der Verlust des besten Freundes, der ähnlich wie ein Kind stets komplett von uns abhängig war, kann weitaus besser überwunden werden, wenn wir in der Meditation zu ihm reisen können und davon überzeugt sind, nach unserem Übergang in lichte Dimensionen wieder mit ihm vereint zu sein. Wir kommen und wir gehen – und in der Zwischenzeit dürfen wir leben und der Stimme unseres Herzens lauschen. Wahrscheinlich kennt jeder von uns den Film „Ist das Leben nicht schön?" mit James Stewart. Dieser Film hat im Alter von 12 Jahren meine Sicht auf die Dinge verändert und mich während einer Pubertätsphase, in der ich des Lebens überdrüssig war, zum Weiterleben animiert. Es faszinierte mich zu sehen, wie deutlich unsere Lebensspuren sein können, wenn wir gute Dinge tun und unseren Mitmenschen hilfreich und emphatisch zur Seite stehen. Damals habe ich mich dazu entschieden, ein Licht für die Menschen zu sein und diese Welt ein großes Stück weit besser zu machen.

Dieses Buch, mit dem ich dafür plädiere, dass die Leser mit ihren Eltern in den Frieden kommen dürfen, ist eine weitere Spur, die ich in den Herzen der Menschen und als eine Welle guter Energie im Feld des Universums hinterlassen möchte.

PRODUKTBESCHREIBUNGEN UND BEZUGSQUELLEN:

Wie bereits zu Beginn des Buches erwähnt, führe ich hier lediglich die Produkte auf, mit denen ich arbeite bzw. die ich bei meiner Mutter angewendet habe. Diese Produkte und deren Hersteller kenne ich gut. Das bedeutet keinesfalls, dass du nicht andere, dir vertraute und qualitativ ähnlich hochwertige Produkte anwenden kannst. Solltest du aber dankbar sein für die vielen Hinweise zu den genannten Produkten und gerne mehr darüber erfahren wollen, weil das alles Neuland für dich ist, kontaktiere mich am besten per Mail. Ich helfe dir gerne.

AROMATHERAPIE: Verwende für die Aromatherapie bitte ausschließlich 100% reine ätherische Öle in höchster Qualität.

Ätherische Einzel-Öle: Orange, Lemongras, Mandarine, Grapefruit, Bergamotte, Weihrauch, heiliger Weihrauch, Lavendel, Pfefferminze, Eukalyptus, Vanille, Limette, Rosengeranie, Ylang Ylang, Jasmin

Davon besonders stimmungsaufhellend: Grapefruit, Zitrone, Mandarine, Orange, Bergamotte, Limette

Ätherische Öl-Mischungen:

- Öl-Mischung zum Loslassen: darin enthalten z.B. Ylang Ylang, Lavandin, Geranie, Sandelholz, Blaue Zypresse, Davana, Jasmin, Rose, Grapefruit, Mandarine, Grüne Minze, Zitrone etc.

- Öl-Mischung zur Freude: darin enthalten z.B. Bergamotte, Ylang Ylang, Geranie, Zitrone, Mandarine, Jasmin, Palmarosa, Rose etc.

- Öl-Mischung für einen tiefen Schlaf: darin enthalten z.B. Lavendel und Baldrian

Schmerzöl Bein: Wintergrün, Weihrauch, Copaiba und Rosmarin, gelöst in meinem selbst hergestellten Rot-Öl / Johanniskrautöl auf Olivenöl-Basis

Schmerzöl Verdauung: + Anis, Fenchel, Estragon, Pfefferminze, Rosmarin

Johanniskrautöl – eigene Herstellung:

Als Basis für das Rot-Öl nehme ich ein gutes Olivenöl und vorwiegend die gelben Blüten der Johanniskrautpflanze, wenn sie in ihrer Pracht stehen, aber auch ein paar Blätter. Es heißt, man solle die Blüten um den Johannistag (24. Juni) herum sammeln, dann hätten sie die meisten Wirkstoffe. Ich habe jedoch festgestellt, dass manche Blüten dann ja noch gar nicht geöffnet sind. Ich denke, das ist in Deutschland wetterabhängig und der Erntetermin sollte von dir individuell entschieden werden. Du nimmst ein großes Gefäß aus Weißglas mit Deckel und gibst das Olivenöl und die ungewaschenen, mit der Hand gepflückten und dann nur ausgeschüttelten Blüten hinein. Die Pflanzenteile müssen mit dem Olivenöl bedeckt sein. Dann wird das Gefäß für mindestens 28 Tage in die pralle Sonne gestellt, so dass die Wirkstoffe des Johanniskrauts aus den Blüten von dem Olivenöl aufgenommen werden, wodurch die Rotfärbung entsteht. Anschließend kannst du das Öl in kleinere Braunglasflaschen füllen. Im Kühlschrank wird das Öl fest, verflüssigt sich jedoch bei Raumtemperatur schnell wieder.

Intimpflege – Blasen-Katheter: Lauge aus lauwarmem Wasser (36/37°) + 1 gestr. TL MeineBase® + 1 Tropfen ätherisches Öl Teebaum oder Manuka, bei Bedarf mit Lavendel. Kolloidales Silber zum Desinfizieren

Handmassagen- und Gesichtsmassagen-Öl: Herzöle wie Ylang Ylang, Rosengeranie, Jasmin, Orange gelöst in Mandelöl oder einem Rosenöl von der Firma Lunasol

Reinigendes Raumspray: Gereinigtes Wasser + Messerspitze MeineBase® + Zitrone, Teebaum, Cardamom, Zimt, Schwarzfichte, Tanne und Rosengeranie

MeineBase® von P. Jentschura: MeineBase® von Jentschura ist ein **basisches Badesalz.** Es ist zur basischen Körperpflege mit einem pH-Wert des Badewassers von ca. 8,5 hervorragend geeignet. Verwenden Sie zum Beispiel für Voll-, Sitz- und Duschbäder, für Fuß- und Handbäder sowie für Wickel, Spülungen und Inhalationen. Es empfiehlt sich für ein Vollbad mit **MeineBase® Badesalz** eine Badetemperatur von ca. 36-37°C. **Es** bewirkt eine **Selbstfettung und Reinigung der Haut** und schenkt ihr Geschmeidigkeit in Vollendung. MeineBase® enthält in feinster Mahlung folgende

Edelsteine: Achat, Karneol, Citrin, Chrysopras, Chalcedon, Saphir, Bergkristall und Onyx.

Palliativcreme® (apothekenpflichtig): Die **Palliativcreme®** ist eine medizinische Hautpflegecreme, die zur Behandlung von sehr trockener und rissiger Haut geeignet ist. Die Creme enthält unter anderem **Panthenol** und **Wollfett**, die die Haut pflegen und den natürlichen Heilungsprozess unterstützen. Die Creme ist dermatologisch geprüft, enthält keine Farbstoffe und ist völlig geruchlos.

MSM Plus Vital Pflegelotion® von Lifeplus: MSM (Methylsulfonylmethan) ist organischer Schwefel, also eine natürlich auftretende Form von Schwefel, die an einer Vielzahl von Prozessen im Körper beteiligt ist und sich hervorragend zur Aufrechterhaltung der Hautgesundheit eignet. Die MSM Plus Vital Pflegelotion® ist eine Kombination aus 5 – 10 % MSM mit einem Reinheitsgrad von mindestens 98 % und Aloe vera. Es ist auf den natürlichen pH-Wert der Haut abgestimmt, um die natürlichen Fette und die Feuchtigkeit zu erhalten. Die Lotion zieht schnell ein, ist sehr ergiebig und riecht angenehm nach Mandeln.

Wonder Gel® von Lifeplus: Ein mildes, pflegendes und leicht wärmendes Gel, das zusätzlich Feuchtigkeit spendet und Entspannung verschafft. Vielleicht heißt es Wonder Gel, weil es im Falle von zu viel Hitze im Gewebe auch als kühlend wahrgenommen wird. Da das fettlose Gel auf reiner Wasserbasis hergestellt ist, hinterlässt es keine Flecken auf Kleidung. Inhaltsstoffe sind z.B. Aloe Vera Gel, Menthol, ätherisches Eukalyptusöl, ätherisches Wintergrünöl, Kampfer, Carbomer, ätherisches Pfefferminzöl, ätherisches Teebaumöl, ätherisches Copaibaöl und Ingwerwurzelextrakt.

Kolloidales Silber: Achte bitte auf ein hochwertiges Produkt. Ich benutze das Colloidal Silver® von Lifeplus.

D-Mannose Plus mit Cranberry-Extrakt: D-Mannose ist ein natürlicher Zucker, der kaum verstoffwechselt wird und keine Ausschüttung von Insulin veranlasst. Er eignet sich als Nahrungsergänzung, und zwar vor allem in Kombination mit Cranberry-Extrakt, einer natürlichen Quelle von D-Mannose, sowie mit anderen Phytonährstoffen und unterstützen eine gesunde

Blasen- und Harnwegsfunktion. Die Cranberry oder Kranbeere, entfernt verwandt mit der europäischen Preiselbeere und Heidelbeere, hat ihren Ursprung in Nordamerika und war ein Hauptnahrungsmittel der Ureinwohner Amerikas. Ich benutze das Produkt D-Mannose Plus® von Lifeplus.

DMSO

DMSO (DIMETHYLSULFOXID) ist eine organische Schwefelverbindung und ursprünglich ein Beiprodukt der Holzverarbeitung, da es aus Baumharz gewonnen wird. Um jedoch eine nahezu absolute Reinheit des DMSO zu erreichen, wird es für die Anwendung als Lösungsmittel im naturheilkundlichen und kosmetischen Anwendungsbereich synthetisch hergestellt. Es kristallisiert bei Temperaturen unter 18° Celsius und verflüssigt sich wieder bei 19 bis 22°. Das spricht für die hohe Qualität und Reinheit des Produktes. DMSO ist für die äußerliche und innerliche Anwendung geeignet. Es wirkt antioxidativ, entzündungshemmend, abschwellend, schmerzlindernd, durchblutungssteigernd, gefäßerweiternd und hat eine leicht austrocknende Wirkung. DMSO kann außerdem die Aufnahme von anderen Substanzen verbessern und beschleunigen. Es sorgt dafür, dass die Substanzen schneller in die Haut eindringen können (penetrationsfördernd) und agiert als eine Art Schleuser. Noch stärker ist die Wirkung bei der Aufnahme von Medikamenten über die Schleimhäute, dort wirkt DMSO insbesondere bei Schmerzmedikamenten äußerst effektiv. Da DMSO jegliche Substanzen mit kleiner Molekularstruktur in die Zelle schleust, ist es wichtig, bei der Behandlung von Hautpartien zu gewährleisten, dass diese nach einer Behandlung mit DMSO-Suspension für mindestens 30 Minuten trocknen können, bevor sie mit Bekleidungsfasern in Kontakt kommen. Ich benutze das DMSO von Unimedica oder vom Kopp-Verlag. DMSO-Produkte sollten immer eine Chargen-Nummer haben.

CBD Produkte

Ich habe für die Behandlung 2 CBD-Produkte der Firma Dutch Natural Healing benutzt: www.dutchnaturalhealing.com.

Auch die wasserlöslichen Produkte von Cili sollen sehr gut sein.

CBD-Paste 15,5 %

CBD-Paste wird wie CBD-Öl aus rohem Hanf gewonnen, aber es wird einen Schritt weiter verfeinert, indem CBD-Öl erhitzt und dann abgekühlt wird. Bei diesem Prozess entsteht eine halbfeste, wachsartige Substanz, die große Mengen an CBD und anderen nützlichen Verbindungen enthält. Eine Paste ist eine der stärksten Formen von CBD und ist besonders gut für Menschen geeignet, die eine hohe Dosis CBD benötigen, um die gewünschte therapeutische Wirkung zu erzielen.

CBD Öl Premium Gold:

Menge CBD: 25% (±12,5mg CBD pro Tropfen) Vollspektrum CBD-Öl (RAW). Alle Terpene und Cannabinoide sind vorhanden. Es ist das CBD-Öl mit der besten/höchsten Bioverfügbarkeit, direkt aus der Natur. Eine 20ml-Flasche enthält eine erstaunlich hohe Menge von 5000mg Cannabidiol– das sind 25% reines CBD. Das Premium-CBD-Öl wird aus einem starken, organischen Hanfextrakt, das aus der ganzen Pflanze gewonnen wird, hergestellt und enthält die gesamte Bandbreite der Cannabinoide und Terpene, die von der Pflanze Cannabis sativa L. produziert werden.

Solltest du Produkte von Lifeplus ausprobieren wollen, melde dich gerne bei mir. Für eine Empfehlung hinsichtlich ätherischer Öle oder sonstigen Fragen stehe ich dir ebenfalls gerne zur Verfügung.

Ich wünsche dir alles Liebe für dein weiteres Leben!

In herzlicher Verbundenheit

Susanne Orrù-Benterbusch

www.susanne-orru-benterbusch.jimdofree.com

susanne.orru@gmail.com

DAS SIND MEINE AUTOREN-WERKE BEIM SCHIRNER-VERLAG:

GELIEBTER HUND – ICH DANKE DIR!
BERÜHRENDE ERFAHRUNGEN MIT UNSEREM TREUSTEN
BEGLEITER
ISBN-13: 978-3-8434-1564-4

ICH SCHNURR´ MICH IN DEIN HERZ
BERÜHRENDE EINBLICKE IN DIE KATZENSEELE
ISBN-13: 978-3-8434-1572-9

WAS DIR MEIN HERZ NOCH SAGEN WOLLTE
HUNDEBOTSCHAFTEN, DIE DIE SEELE BERÜHREN
ISBN-13: 978-3-8434-5162-8

DEIN SEELENHUND ZEIGT DIR DEN WEG
EIN PRAXIS-LEITFADEN FÜR EINE GESUNDE UND
GLÜCKLICHE MENSCH-HUND-BEZIEHUNG
ISBN-13: 978-3-8434-1500-2

KARTENSET: DIE BOTSCHAFT DEINES SEELENHUNDES
40 KARTEN MIT ANLEITUNG
ISBN-13: 978-3-8434-9108-2

KATZEN – SEELENGEFÄHRTEN & HERZEROBERER
GANZHEITLICHER PRAXIS-LEITFADEN
ISBN-13: 978-3-8434-1334-3

WAS MEINE KATZE MICH LEHRT
WEISHEITEN, DIE AUCH DEINEN ALLTAG ERHELLEN
ISBN-13: 978-3-8434-5175-8

DU BIST EIN TEIL DER ERDE
ERSCHAFFE DIE ZUKUNFT, DIE DU DIR WÜNSCHST
WAS JEDER VON UNS TUN KANN, DAMIT MENSCHEN,
TIERE UND NATUR IM EINKLANG LEBEN
ISBN-13: 978-3-8434-1401-2

SCHLAFEN WIE EIN ENGEL
EIN GANZHEITLICHER RATGEBER
 FÜR DEINE ERHOLSAME NACHTRUHE
ISBN-13: 978-3-8434-1425-8

GANZHEITLICHE AROMAHEILKUNDE FÜR TIERE

Altes Wissen neu interpretiert

Rezepturen für Körper & Seele

Erhältlich beim Pro-Vita-Oleum-Verlag

www.pro-vita-oleum.de

DANKESCHÖN

Ein herzliches Dankeschön an alle Herzensmenschen, die dieses Buchprojekt möglich gemacht haben. Danke an Andrea für ihre Korrekturarbeiten. Danke an Uli für die guten Gespräche und die vielen Bücher. Danke an Gaby und Ela für den Austausch rund um das Thema Palliativpflege und Sterbebegleitung. Danke an Birgit für ihre Unterstützung auf dem letzten Weg meiner Mutter, durch dich habe ich viel lernen dürfen. Danke an meinen Mann Andreas und unsere gesamte Familie dafür, dass die letzten Monate unserer Mutter, Ehefrau, Groß- und Schwiegermutter für alle Beteiligten ein liebe- und würdevoller Abschied werden durfte. Es war eine sehr heilsame Zeit, die uns gezeigt hat, dass wir uns aufeinander verlassen können.